U0076932

兒童文學
在幼兒園中的運用
發展孩子的閱讀理解力及興趣

Using Children's Literature in Preschool to Develop Comprehension

Understanding and Enjoying Books

Lesley Mandel Morrow、Elizabeth Freitag、Linda B. Gambrell　著

葉嘉青　編譯

****

Using Children's Literature in Preschool to Develop Comprehension

****

Understanding and Enjoying Books

Lesley Mandel Morrow
Elizabeth Freitag
Linda B. Gambrell

獻給所有為孩子們朗讀
並且幫助他們愛上書的老師們

目 錄

作者簡介

　　萊斯利‧曼德爾‧莫羅（Lesley Mandel Morrow）是美國紐澤西州立羅格斯大學（Rutgers University）新布倫瑞克校區（New Brunswick）教育研究所的教授兼學習與教學系的系主任。她曾擔任學校教師，而後成為一位閱讀教學專員。從紐約市的福特漢姆大學（Fordham University）獲得博十學位，她的研究領域和焦點在提升早期讀寫能力發展之策略，以及語言藝術課程的管理與組織。她的研究對象為來自各種背景的孩子與家庭。

　　莫羅所出版的作品逾三百篇，包含了期刊文章、一些書的部分章節、專題論文及著作。她在羅格斯大學獲得了優秀研究、教學及服務獎，同時也獲得國際閱讀協會（IRA）傑出閱讀老師教育家獎，以及福特漢姆大學傑出成就校友獎。此外，莫羅從美國聯邦政府獲得多項研究獎金，並且擔任英語語言藝術中心、美國國家閱讀研究中心及早期閱讀成就中心的主要研究者。

　　目前莫羅是由美國教育部提供資金的中大西洋區實驗室（Mid-Atlantic Regional Lab）的主要研究者，還負責由美國國家兒童健康與人類發展組織提供資金的紐約大學醫學院「貝爾計畫」（BELLE Project）：這是針對障礙幼兒在小兒科的初級照顧中能夠成功培養語言及讀寫能力所做的研究。她被選為IRA 董事會的成員，從 2003 到 2004 年擔任協會的主席，並於 2006 年被選入閱讀名人堂。

　　伊莉莎白‧弗列特格（Elizabeth Freitag）畢業於美國紐澤西州立羅格斯大學新布倫瑞克校區。畢業後，她投身於都會區課後輔導課程，之後重回羅格斯大學進修小學教育碩士學位。她以研究生的身分獲得教育測驗服務教師獎學金，以及紐澤西傑出女性高級管理人員畢業獎。此外，弗列特格除

了對本書有所貢獻,她在由莫羅所著的《早期讀寫能力發展:幫助孩子閱讀及寫作》(*Literacy Development in the Early Years: Helping Children Read and Write*)(第六版)的結論中,亦設計了教室活動的部分。

　　琳達‧坎貝爾(Linda B. Gambrell)是美國南卡羅萊納州克萊姆森大學(Clemson University)尤金‧摩爾教育學院(Eugene T. Moore School of Education)的傑出教授,負責教授研究所及大學部的讀寫課程。在 1999 年來到克萊姆森大學之前,她曾在馬里蘭大學學院市分校(University of Maryland at College Park)的教育學院擔任研究副院長。她最早的一份工作是在馬里蘭州的喬治王子郡擔任小學教師及閱讀教學專員。她自 1992 到 1997 年擔任馬里蘭大學美國國家閱讀研究中心的主要研究者,負責指導「讀寫動機計畫」(Literacy Motivation Project)。她被 IRA 董事會、美國國家閱讀會議及學院閱讀協會選為會員,並曾擔任這三個組織的主席。

　　坎貝爾的主要研究領域是讀寫動機、在教學與學習中的討論角色,以及理解策略教學。她著作且與人合著了十本書,並發表了上百篇有關讀寫能力的章節及期刊文章。她的研究被刊登在主要的學術期刊中,包括《閱讀研究季刊》(*Reading Research Quarterly*)、《教育心理學家》(*Educational Psychologist*)及《教育研究期刊》(*Journal of Educational Research*)。她曾經擔任讀寫領域最負盛名之編輯審查委員會的同儕審查,也曾擔任《閱讀行為期刊》(*The Journal of Reading Behavior*)、美國國家閱讀會議出版物及《讀寫教與學:國際讀寫期刊》(*Literacy Teaching and Learning: An International Journal of Reading and Writing*)的編輯。

　　坎貝爾獲得了許多專業的榮譽及獎項,包括:對閱讀領域具傑出貢獻的學院閱讀協會 A. B. Herr 獎(1994 年);國際閱讀協會在閱讀方面傑出教師教育家獎(1998 年);美國國家閱讀會議 Albert J. Kingston 獎(2001 年);學院閱讀協會桂冠詩人獎(2002 年);尤金‧摩爾教育學院的傑出研究教員(2008 年);2004 年她經甄選進入閱讀名人堂。

編譯者簡介

葉嘉青

⊃ **教育背景**

美國紐約哥倫比亞大學教育碩士

美國加州大學教育博士班研修

⊃ **現任**

國立臺灣師範大學幼兒文學暨幼教課程兼任講師

國立臺灣圖書館「適合寶寶看的書」評選委員

文化部中小學生課外優良讀物推介評選委員

臺北市立圖書館好書大家讀「圖畫書及幼兒讀物組」評選委員

衛生福利部優良出版品評選委員

臺灣閱讀起步走推廣講師

臺灣閱讀協會常務理事

⊃ **曾任**

國家四技二專入學考試幼保科命題委員

經國管理暨健康學院幼保系專任講師

國立臺南大學、臺北市立大學、輔仁大學、實踐大學、空中大學兼任講師

臺北市、新北市幼兒園評鑑委員

香港豐子愷圖畫書獎評審委員

信誼基金會幼兒文學獎評審委員

文化部文化資產局重要民俗兒童繪本審查委員

文化部兒童文化館網站「繪本花園」動畫選書委員

臺北市親子館巡迴輔導委員

新北市公立托育中心督導

行政院勞委會保姆檢定醫護組監評委員

中華民國幼兒教育改革研究會總幹事

基督教青年會YMCA幼兒園園長

美國哥倫比亞大學醫學中心附設幼兒園教師

馬偕紀念醫院小兒科護理師

美國惠氏藥廠、幫寶適公司、迪士尼與幼幼電視頻道幼兒教養顧問

廣播節目「九點強強滾」幼教特約來賓

◐ 著作及編譯作品

《繪本小學堂：與0～6歲孩子一起悅讀》、《從搖籃曲到幼兒文學：零歲到三歲的孩子與故事》、《幼兒文學：零歲到八歲的孩子與繪本》、《兒童文學在幼兒園中的運用》、《兒童文學與寫作教學：五歲到十二歲孩子的寫作指南》、《兒童文學的啟發式教學：運用圖畫書引導提問》、《臺北市立圖書館好書指南》、《因材施教：光譜計畫的經驗》、《托育機構經營與管理》、《教育部適合寶寶看的書閱讀手冊》、《家庭不只是家庭》、《臺北市幼稚園教學與保育評鑑結果分析》、《零到六歲幼兒繪本的選擇與應用》等。

編譯者序

編譯這本書的起源，是因為透過擔任幼兒園評委及學生實習督導的機會到幼兒園觀察及訪談時發現，老師們都清楚理解力及讀寫能力對幼兒的學習及發展非常重要，也希望將圖畫書與課程設計及教學結合，但對於選擇什麼樣的圖畫書、教學法，及設置閱讀環境往往感到困惑。這本兼具理論與實務的著作提出了結合各領域發展的圖畫書教學及愉快的閱讀環境，能幫助孩子透過了解及喜愛圖畫書，提升理解力及讀寫能力，並且所列舉的閱讀環境布置、教學指南、教學策略及好書清單，都為老師們提供了具體的教學參考，有助於老師在鼓勵孩子探索的氛圍中進行圖畫書教學。

以環境培養孩子閱讀的興趣與機會方面，幼兒園應該有一個收藏包含了各種領域及文學類型好書的舒適圖書區域。孩子們可以在其中獨自或與同儕、老師一起探索及閱讀書籍。這是一種能夠支持孩子早期讀寫技巧的必要策略。

此外，利用圖畫書與不同課程領域相連結的課程教學，以科學領域為例，老師可選擇以科學類圖畫書，像是生命科學、地球科學的內容為基礎，與孩子進行朗讀、討論、觀察、推論、提問、記錄、發現模式，以及根據分析下結論的科學探索技巧來調查及認識自然界。老師也可將說故事活動安排在遊戲場進行，帶著一籃書讓孩子們到戶外享受閱讀。孩子們或許可以在桌上擺放一些在散步中探索收集到的東西，例如：石頭、葉子或鳥巢，並且在旁邊攤開一本自然指南的圖畫書查詢及比較。在社會領域方面，老師可以在戲劇角落的扮演道具和服裝旁邊放一本孩子熟悉的民間故事，讓孩子參考，進行角色扮演的遊戲。將圖畫書融入各領域的課程中，可以延伸孩子的遊戲，介紹他們新的概念與內容，並且啟發他們創意的表達。

當然，孩子的閱讀及發展不只發生在學校，大部分圖畫書的閱讀最早開始於家中。老師可以鼓勵父母在家中提供閱讀活動及觀察孩子的閱讀行為與反應，像是大聲朗讀、睡前故事、布置閱讀角落，以支持孩子的啟蒙讀寫能力

發展。舉例來說，一位媽媽提到，她四歲的女兒芝芝在學校聽了由比爾·馬丁（Bill Martin）所著，艾瑞·卡爾（Eric Carle）所繪的《棕色的熊、棕色的熊，你在看什麼？》（*Brown Bear, Brown Bear, What Do You See?*）後非常喜歡，常要求家人反覆朗讀這本書，有時還會獨自翻閱，透過圖畫的提示與記憶「讀」這本書。芝芝在玩娃娃、騎三輪車或盪鞦韆時，偶爾也會唱誦內文。一次洗澡時，媽媽聽她自編了：「黃色小鴨、黃色小鴨，你在看什麼？我看見一隻海綿烏龜在看我。海綿烏龜、海綿烏龜，你在看什麼？我看見芝芝在洗澡。」顯然芝芝已將它的語言模式內化了。

為了實驗這本書所提出的策略及方法是否適用於國內，譯者特別邀請了幼兒園參考書中的指南，經過討論及計畫運用到現場教學中，實例請見書中照片。整個實驗過程增加了老師將圖畫書與課程合併的興趣及信心，孩子們閱讀的動機和習慣也明顯提升。在此特別向紐約蒙特梭利學校及普林斯頓幼兒園全體師生致謝。為方便讀者參考本書所列舉的圖畫書，感謝三之三、上誼、天下遠見、青林、英文漢聲、遠流、聯經出版社授權中文圖畫書封面圖像的使用。這本書能夠順利出版，必須感謝總編林敬堯先生願意支持幼兒閱讀，應允出版這本書並主持所有相關事宜。此外，要特別感謝編輯林汝穎小姐，我在心理出版社所出版一系列與兒童文學相關的書籍：《從搖籃曲到幼兒文學——零歲到三歲的孩子與故事》、《幼兒文學——零歲到八歲的孩子與繪本》、《兒童文學與寫作教學——五歲到十二歲孩子的寫作指南》都是由她負責編輯。汝穎聰慧細心，每次彼此的合作既愉快又放心。當然，也要感謝喜愛這本書的讀者朋友，因為你們的閱讀及應用使得它產生了意義與價值。

葉嘉青　謹識

辭彙表

這 份辭彙表針對本書中許多專有的讀寫名詞提供了定義。這些名詞第一次出現時，以黑體字強調。

- 評量（assessment）：蒐集相關的資訊，為孩子的學習及成長提供證據。
- 理解力（comprehension）：作為閱讀教學的主要目標之一時，是指所具有閱讀或聆聽及了解文本的能力。
- 書籍的概念（concepts of books）：了解書籍的各部分，例如封面及封底、書名頁、印刷字及圖畫；這也包含了學習如何對待一本書。
- 直接聆聽—思考的活動（Directed Listening-Thinking Activity, DLTA）／直接朗讀—思考的活動（Directed Reading-Thinking Activity, DRTA）：提供活動及策略給老師及學生使用的兩種課程，透過預先的提問、討論、設定一個閱讀故事的目標，以及之後的提問，讓老師及學生獲得資訊。
- 戲劇扮演（dramatic play）：一種進階的扮演模式，孩子在其中擔任不同的角色，並且將假想的故事及情況表演出來。
- 回音朗讀（echo reading）：老師朗讀一行文本，然後孩子朗讀相同的一行。
- 啟蒙讀寫能力（emergent literacy）：一個孩子早期、以非傳統的方式嘗試閱讀、寫作及聆聽，例如：塗鴉寫作及假裝閱讀。
- 英語學習者（Engligh-language learner, ELL）：孩子的母語不是英語，且英語的精熟度不夠成熟。
- 語言（language）：一種口頭語言的系統，是由文字和為了改變與組織文字的規則所組成的。
- 讀寫能力（literacy）：是一種能夠將語言放置在正確的位置，而被儲存的有

關符號的書寫系統，它包含了閱讀、寫作及需要有產出及理解文本的思考。

- **語音意識**（phonological awareness）：了解口頭語言具有架構，並且與意義分開（或譯為音韻覺識）。

- **圖畫散步**（picture walk）：與孩子一同瀏覽翻閱一本書，以便介紹故事並且引發興趣。

- **重複閱讀**（repeated reading）：經常朗讀相同的故事，每次加強一種不同的技巧。

- **重述**（retelling）：一名讀者口頭朗讀一個故事，描述故事中發生了什麼的過程。

- **鷹架**（scaffolding）：當成人逐漸撤除協助時，孩子的學習能夠達到完整表現的過程。

- **分享閱讀**（shared reading）：一種在教室中使用的策略。老師朗讀一本放大了印刷的大書，並且鼓勵孩子們一起朗讀其中他們能夠記得或預測的部分。分享閱讀示範了朗讀的過程，並且吸引孩子的注意力放在印刷的概念及對於字母的知識（letter knowledge）。

- **句法複雜性**（syntactic complexity）：語法的模式或結構的複雜性。

- **主題單元**（thematic unit）：以一個主題作為議題，例如使用科學進行星球的研究，來教授與這個主題有關的藝術、音樂、社會研究、數學、閱讀、寫作、聆聽、演說及扮演。

- **放聲思考**（think-aloud）：當孩子們閱讀完後，讓他們想像一下他們看到了什麼。他們與同儕討論這些想像，並且預測故事接下來將發生什麼事。

- **字彙**（vocabulary）：孩子們知道及使用的文字。

- **寫作中心**（writing center）：教室中擺放了許多邀請孩子們參與寫作的資源的一個區域。

致謝辭

感謝克莉絲汀（Kristin Valvanis）為本書（英文版）拍攝了一些照片並協助編輯；我們也要感謝蘇（Thu Win）及安娜（Anna Turkenich）給予本書編輯上的支持。

Chapter ①
為什麼兒童文學的理解力在幼兒園中很重要？

　　當開始下雪時，金老師在幼兒園所教的三到四歲幼兒班正在戶外遊玩。這是今年的初雪，孩子們非常興奮。四歲大的凱爾說：「看，有一片雪花在我的夾克上！」一些孩子用手環成杯狀去盛接雪花，而其他的孩子則張開嘴巴，把頭後仰，好讓雪花掉落在他們的舌頭上。雪很快就落成了大片的雪花，並在幾分鐘內覆蓋了大地。孩子們開始在雪地上寫下他們的名字或畫圖。天氣似乎越變越冷並且颳起寒風，於是金老師建議大家回教室。

　　他們回到教室時，金老師趁著這個機會，拿出了 Ezra Jack Keats（1998）所繪著的《下雪天》（*The Snowy Day*，中文版由上誼文化出版）朗讀給孩子們聽。她說：「看，我發現了什麼？這是一本有關雪的書。」孩子們都到「讀寫中心」聆聽朗讀。金老師有一本大書的版本放在書架上，所以孩子們很容易就能看到文字及插圖。朗讀前，金老師告訴孩子們，這是個有關一位名叫彼得的小男孩出去玩雪，並且做了許多事情的故事。她要孩子們記得彼得所做過的一或兩件事。她也告訴他們，每次當她發出 /sss/ 的聲音時，就是在提示他們要說「雪」（snow）這個字的線索。然後她會在旁邊的經驗表上寫下「雪」這個字。

　　孩子們非常專注地聆聽，好記住彼得在雪中做了什麼事，而且每

次當金老師看著他們並發 /sss/ 聲時,他們會和諧一致地說出「雪」這個字。

金老師朗讀:「冬天的早晨,彼得醒來,望著窗外。昨夜下了一場 sss…〔每個人都說 snow(雪)〕。雪覆蓋了彼得所能看到的每樣東西。早餐後,彼得穿上他的 sss…(每個人都說『雪』)衣,跑到屋子外面。那 sss…(每個人都說『雪』)沿著街被堆得高高的,空出了一條人行道。」

當金老師和孩子們朗讀完這本書後,她問孩子們記得故事中的彼得做了些什麼嗎?喬凡娜說:「他做了天使。」傑克說:「他爬到雪山上。」布萊迪說:「他堆了一個雪人。」

金老師問孩子們,他們曾像彼得一樣,在雪地中做了些什麼嗎?一個孩子說她騎了雪橇,另一位孩子說他打了雪球仗,還有一位說她

♥《下雪天》
文圖/艾茲拉・傑克・季茲
譯/柯倩華
出版/上誼文化實業股份有限公司

♥《月下看貓頭鷹》
文/珍・尤倫;圖/約翰・秀能 譯/林良
譯/林良
出版/上誼文化實業股份有限公司

像彼得一樣喜歡製造腳印。胡安趴向金老師，並且悄悄耳語說：「我可不可以把這本書帶回家讀？」

　　因為有太多有趣的事發生在下雪的時候，金老師拿出她有關雪的藏書，包括了由 Lois Ehlert（2000）所著的《雪球》（*Snowballs*），由 Jack Prelutsky（2006）所寫的一本詩集《下雪了！下雪了！冬天的詩》（*It's Snowing! It's Snowing! Winter Poems*），以及 Jane Yolen（2007）著的《月下看貓頭鷹》（*Owl Moon*，中文版由上誼文化出版），作為介紹給孩子學習有關雪的資料。

　　幼兒應該得到最佳兒童文學的豐富補給，因為好的故事可以挑戰他們的智能，啟發他們的想像力，幫助他們了解這個世界以及培養他們的閱讀意願（Fisher, Flood, & Lapp, 1999）。老師透過為孩子朗讀，幫助他們發展出與書籍的個人關係。與幼兒分享文學，能夠「培養他們的想像力，提供他們語言模式，以及陶冶他們的智能」（Cullinan, 1987, p. 6）。當老師大聲朗讀後，孩子通常會想要自我探索那本書——去檢查圖畫、翻頁時重述故事，或是進行假裝閱讀的活動。當孩子聽到一個好故事，他們往往會去尋找相同主題或由同一位作者所寫的其他書籍。為孩子們大聲朗讀可以鼓勵他們閱讀。

　　當老師大聲地朗讀一件好的兒童文學作品時，孩子所獲得的遠比只是一個口頭描述的故事來得多。環繞故事書朗讀所產生的互動延伸了文本的語言（Sulzby & Teale, 1987）。在故事書朗讀間所進行的對話中，孩子們會試著去了解文本。這個意義的建構，或許說明了接觸兒童文學對於孩子讀寫能力發展的強大影響。

> 當老師大聲地朗讀一件好的兒童文學作品時，孩子所獲得的遠比只是一個口頭描述的故事來得多。環繞故事書朗讀所產生的互動延伸了文本的語言。

兒童文學與幼兒的社會、情緒及智能發展

❖ 社會發展

　　社會化是獲得受到了社會或社群中年長成員所重視和接受的信念、價值及行為的過程（Shaffer, 1989）。幼兒的社會發展會受到觀察他人及認同角色模範所影響（Norton, 1999）。

　　當孩子們受到成人的鼓勵或建設性的批評，將能加強他們表現出被社會接受的行為及態度，並且排除不被接受的行為。舉例來說，老師對於孩子以正向態度說同儕的行為，可能會予以溫暖的回應，而對於孩子以一些話傷害同儕的不適當行為會加以討論。兒童文學可以用來幫助示範適當或不適當的社會行為，以及所導致的獎勵和結果（請見表1的建議書單）。舉例來說，在Sendak（1991）所著的《野獸國》（*Where the Wild Things Are*，中文版由英文漢聲出版）中，主角阿奇表現得很撒野，而他的媽媽罰他回房間，不准吃晚飯。結果他夢到了和媽媽稱他為小野獸相關的夢。在故事的結尾處當阿奇醒來時，桌上熱騰騰的晚餐已在等著他了。他了解到儘管他的表現不佳，但是他還是被關愛的。知道自己是被愛的，這點指出了是阿奇的表現（而不是「阿奇」）不被接受，而且他也不想再表現出這樣的行為了。

♥《野獸國》
文圖／莫里士・桑塔克
譯／漢聲雜誌
出版／英文漢聲出版股份有限公司

表 1　示範社會行為發展的建議書單
☐ Adoff, A.（2004）。《黑是棕色是黃褐色》（*Black Is Brown Is Tan*）。New York: Harper & Row。
☐ Alexander, M.（2006）。《沒人問我要不要小妹妹》（*Nobody Asked Me If I Wanted a Baby Sister*，中文版由上誼文化出版）。New York: Dial。
☐ Hoban, R.（1994）。《弗朗西斯的最好朋友們》（*Best Friends for Frances*）。New York: HarperCollins。
☐ Lionni, L.（1996）。《這是我的！》（*It's Mine!*）。New York: Random House。
☐ Llewellyn, C.（2005）。《為什麼我要分享？》（*Why Should I Share?*）。New York: Barron's Educational Series。
☐ Miller, R.（2002）。《床上的熊》（*The Bear on the Bed*）。Toronto, ON: Kids Can Press。
☐ Sendak, M.（1991）。《野獸國》（*Where the Wild Things Are*，中文版由英文漢聲出版）。New York: Harper & Row。
☐ Shemin, C.（2006）。《永遠的家人》（*Families are Forever*）。New York: As Simple As That。
☐ Steptoe, J.（1988）。《寶寶說》（*Baby Says*）。New York: HarperCollins。
☐ Zolotow, C.（1982）。《爭吵書》（*The Quarreling Book*）。New York: Harper & Row。

❖ 情緒發展

　　老師可以利用兒童文學作為提升健康情緒態度發展的媒介。文學對於孩子情緒發展的貢獻主要在三方面：

1. 文學向孩子們傳達出他們所經歷過的許多感覺與其他孩子相同。
2. 文學從幾種觀點探索感覺。
3. 不同角色的行為顯示出了選擇不同處理情緒的方式（Glazer, 1991）。文學可以幫助孩子通過困難的經驗，例如：死亡、離婚、失去朋友或住院。此外，文學在幫助孩子們發展正面的自我概念上扮演一個重要的角色。

　　所有的孩子在每天的生活中面對許多挑戰。兒童文學中的角色能夠幫助孩子了解他們自己的感覺，並且洞察其他人如何處理類似的問題（Norton, 1999）。大聲朗讀像是表 2 中所列的書，能夠促進討論及回應，支持孩子的情緒成長。

表 2　支持孩子情緒成長的建議書單
☐ Aliki（1986）。《我的感覺，你的感覺》（*Feelings*，中文版由上誼文化出版）。New York: Harper Collins。
☐ Bang, M.（1999）。《菲菲生氣了──非常、非常的生氣》（*When Sophie Gets Angry, Really, Really Angry*，中文版由三之三文化出版）。New York: Scholastic。
☐ Bourgeois, P.（2004）。《富蘭克林說：「我愛你」》（*Franklin Says I Love You*）。Toronto, ON: Kids Can Press。

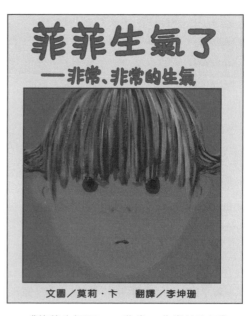

♥《我的感覺‧你的感覺》	♥《菲菲生氣了──非常、非常的生氣》
文圖／阿麗奇	文圖／莫莉‧卞
譯／陳宏淑	譯／李坤珊
出版／上誼文化實業股份有限公司	出版／三之三文化事業股份有限公司

表 2　支持孩子情緒成長的建議書單（續）

☐ Bunting, E.（1989）。《星期三的驚喜》（*The Wednesday Surprise*）。New York: Clarion。

☐ Cutler, J.（2002）。《達西和格蘭不喜歡嬰兒》（*Darcy and Gran Don't Like Babies*）。New York: Farrar, Straus and Giroux。

☐ Engel, D.（1999）。《喬瑟凡娜討厭她的名字》（*Josephina Hates Her Name*）。New York: Feminist Press。

☐ Krauss, R.（1989）。《胡蘿蔔種子》（*The Carrot Seed*，中文版由上誼文化出版）。New York: Harper。

☐ McBratney, S.（2005）。《猜猜我有多愛你》（*Guess How Much I Love You?*，中文版由上誼文化出版）。Cambridge, MA: Candlewick。

☐ Sharmat, M.（1993）。《一個超級謊言》（*A Big Fat Enormous Lie*）。New York: Puttin。

☐ Steig, W.（1991）。《史賓奇生悶氣》（*Spinky Sulks*）。New York: Farrar, Straus and Giroux。

☐ Tompert, A.（1992）。《你會為我回來嗎？》（*Will You Come Back for Me?*）。Chicago: Albert Whitman。

♥《胡蘿蔔種子》
　　文／路斯・克勞斯
　　圖／克拉格特・強森
　　譯／郭恩惠
　　出版／上誼文化實業股份有限公司

♥《猜猜我有多愛你》
　　文／山姆・麥克布雷尼
　　圖／安妮塔・婕朗
　　譯／陳淑惠
　　出版／上誼文化實業股份有限公司

❖ **智能發展**

　　智能發展與孩子認知技巧及能力隨著時間推移所發生的改變有關。兒童文學透過鼓勵概念的交換及思考技巧的發展，包括觀察、比較、分類、組織、歸納及評量，支持了智能發展。大聲朗讀所用的書籍種類影響了後續討論的性質。舉例來說，圖畫書及字母書影響了常規對話的整個過程（Sulzby & Teale, 1987）。在一次為孩子大聲朗讀的經驗後，透過由孩子們做比較的談話中，發現當孩子聽完知識類的書籍後，比聽完敘述性的文本所產生的談話更多（Pellegrini, Perlmutter, Galda, & Brody, 1990）。參考表 3 的書單，有助於促進幼兒的認知發展。

> 兒童文學透過鼓勵概念的交換及思考技巧的發展，包括觀察、比較、分類、組織、歸納及評量，支持了智能發展。

表 3　促進孩子智能發展的建議書單	
認知技巧	書
觀察	Selsam, M., & Hunt, J.（1989）。《繼續尋找！》（*Keep Looking!*）。New York: Macmillan。
比較	Jenkins, S.（1996）。《大和小》（*Big & Little*）。Boston: Houghton Mifflin。
分類	Carle, E.（2005）。《我的第一本顏色書》（*My Very First Book of Colors*）。New York: Crowell。
組織	Silverhardt, L.（2003）。《我會自己穿衣服！》（*I Can Get Dressed!*）。New York: Simon & Schuster。
歸納	Galdone, P.（1983）。《薑餅男孩》（*The Gingerbread Boy*）。Boston: Houghton Mifflin。
評量	Rathmann, P.（2006）。《模仿貓露比》（*Ruby the Copycat*）。New York: Scholastic。

運用兒童文學發展讀寫技巧

　　為幼兒大聲朗讀，長久以來已被認為對於早期的讀寫能力發展具有關鍵性的影響。美國國家教育機構提出：「為了建立孩子在閱讀方面最終成功所需的知識，最重要的活動就是為孩子大聲朗讀。」（Anderson, Hiebert, Scott, & Wilkinson, 1985, p. 23）當老師大聲朗讀時，孩子們有機會聽到書籍語言的韻律、流暢及多樣性。接受大聲朗讀的幼兒園孩子，他們所獲得的益處包括了：字彙、語言複雜度的增加、**理解力**技巧的提升，以及成功的啟蒙閱讀（Cosgrove, 1989; Cullinan, 1992; Elley, 1989）。

　　在家閱讀故事書與早期的讀寫能力發展間有很穩固的關係（Teale & Sulzby, 1986）。早期的讀者（early reader）通常是從家庭中的閱讀活動開始，他們幾個月大時就已接觸閱讀（Clark, 1984; Morrow, 1983; Teale, 1981）。就在許多孩子來自於充滿讀寫活動的家庭時，同時也有一些孩子較少接觸讀寫的環境，特別是那些來自經濟弱勢社區的孩子。大部分的教育者都同意，對所有的幼兒來說，就讀幼兒園的那幾年是提供豐富讀寫經驗的最關鍵時期。

　　幼兒園的老師們需要像金老師在這一章中開始的範例一樣，善用可教導的時機。他們也必須明確地教導孩子。我們在幼兒園中，不能以聽天由命的態度對待孩子讀寫能力的發展，必須明確了解我們所教的。當老師們教導讀寫技巧時，須遵循一個架構。以下的架構或許能應用到這本書中所介紹的任何技巧：

1. 解釋所教給孩子們的技巧。
2. 示範如何實踐技巧。
3. 透過引導式的練習提供孩子們一個學習的**鷹架**。當孩子們試著去完成任務時，如果有需要，提供他們協助。
4. 提供孩子時間獨立地練習技巧，以及在不同的背景中應用。

　　在以下的例子中，我們將逐步說明如何應用基本的架構教導孩子有關故事的順序。

❖ 教導故事的順序

1. 解釋所教給孩子們的技巧。

   老師或許可以說：「當我朗讀完《三隻小豬》（*The Three Little Pigs,* Galdone, 1984）後，我希望你們記得小豬們的房子出現的順序。哪個房子最先蓋好？第二及第三蓋好的是什麼房子——是磚頭蓋的房子、稻草蓋的房子，或是樹枝蓋的房子？現在我要你們試著記住第一個出現而且是第一隻小豬所蓋的房子，第二個出現而且是第二隻小豬所蓋的房子，以及第三個出現而且是第三隻小豬所蓋的房子。當我朗讀故事，故事會告訴你每一隻小豬所擁有的房子種類。我會把房子的圖形放在法蘭絨故事板上給你們看。」

2. 示範如何實踐技巧。

   老師使用法蘭絨故事板的圖形作為道具。當朗讀有關第一隻小豬的稻草房子時，她將稻草房子的圖形放在法蘭絨故事板上。當她朗讀有關第二隻小豬的樹枝房子，以及第三隻小豬的磚頭房子時，也將兩種房子的圖形放在法蘭絨故事板上。朗讀完後，她將房子編號成 1、2、3，作為故事先後順序的一種視覺提示。

3. 透過引導式的練習提供孩子們一個學習的鷹架。當孩子們試著去完成任務時，如果有需要，提供他們協助。

   老師分配每兩個孩子一組一起進行，並且給每組三個類似絨毛氈的紙房子。她要求孩子們合作重述故事，而且說故事時，在他們面前的桌子上將房子依先後出現的順序排好。

4. 提供孩子時間獨立地練習技巧，以及在不同的背景中應用。

   在讀寫中心的時段中，孩子們能夠使用絨毛氈紙房子及法蘭絨故事板去重

述《三隻小豬》的故事，並且以正確的順序安排房子。這個周全的展示伴隨了明確的指示、引導式的練習，以及獨立的練習，而提供了一個全面的計畫。

 ## 運用兒童文學教導英語學習者

在美國的教室，每七個孩子中就有一個母語不是英語的「**英語學習者**」（ELL）（Miramontes, Nadeau, & Commins, 1997），這個數目與日俱增。我們須透過對文化及語言不同的敏感度，來了解其多樣性。

為支持英語學習者的孩子，要確定你的班級圖書館包含了以他們母語出版的書籍、有關他們出生國家的英語翻譯故事，以及有關各種文化的知識類書籍。學習班上學生的文化，並且學習一些 ELL 孩子的母語文字。使用一些與 ELL 的孩子背景相關的關鍵片語或書籍分享，會讓孩子覺得在你的班上受到歡迎且感到自在。

幼兒園的孩子很容易只是透過沉浸在說英語的課堂中就獲得英語能力，而較年長的孩子則不能。但是很重要的是，孩子們也需要聽到他們自己的母語。如果可能的話，指派一個既說英語、又會說 ELL 孩子的母語的雙語孩子作為他的夥伴，這個孩子能夠幫助他去了解教室的活動。

要幫助 ELL 的孩子了解英語，須將說話的速度放慢，並且使用簡單的語彙。重複你想讓他們學習的片語，而且在與他們溝通時，使用手勢及視覺參考資料（Shore, 2001）。有幫助的手勢（例如：提示坐下、站起來，或是安靜下來）將有助於溝通。教導 ELL 的孩子功能性的語言，會讓他們能夠參與融入教室的活動。分辨儲物間或是工作中心的名字都是有用的功能性文字。

為 ELL 的孩子製作 本以許多照片或圖畫呈現出教室中个同位置的書，例如：「積木角」的書。以圖解說明每天的常規，幫助孩子在教室裡覺得安全和自在。除了這本功能性的書以外，製作一些讓孩子感興趣的主題書。舉例來說，你或許可以製作一本水果的書，每一頁有一個標記了名字的水果。能引起孩子高度興趣的圖畫書，以及具可預測性模式的書籍，特別有助於 ELL 的孩

子學習英文。經常與 ELL 的孩子重複看相同的書籍，能夠讓他們熟悉語言的結構。**戲劇扮演**及說故事的道具對於以視覺呈現的語言來說，都是很有用的工具。

專為 ELL 的孩子設計的活動及策略對於班上大部分的孩子會很有幫助——它們可說是有效的幼兒教學方法。以下的活動對 ELL 的孩子特別有幫助：

- 為孩子朗讀及展示插畫。
- 討論大聲朗讀過的故事。
- **重複閱讀故事**。
- 使用大書。
- 針對小團體及一對一的孩子大聲朗讀。
- **故事重述**。
- 夥伴朗讀（partner reading，孩子與同儕朗讀）。
- 同伴朗讀（buddy reading，孩子與朗讀經驗較豐富的同伴一起朗讀）。
- 同聲朗讀（choral reading）。
- **回音朗讀**。
- 在錄音帶協助下的朗讀。
- 將故事書依內容分區整合，例如：藝術、音樂及戲劇扮演。
- 獨立朗讀。
- 獨立地使用故事道具去重述故事。
- 家庭故事書朗讀。

當你讀完本書的相關技巧，你將會學到更多。此外，你或許會希望參考附錄 A 中所列「文化多樣性」的兒童文學清單。

 **本書架構**

　　本書探討的是**為什麼**及**如何**在幼兒園中使用兒童文學。第二章示範了如何設計一個能夠豐富教室讀寫環境的讀寫中心，並且討論如何為孩子朗讀及說故事。在這一章中，我們描述了書籍的種類與數量，以及一個有效的讀寫中心所需的其他材料，並且提供一些建議來幫助幼兒園的孩子充分利用這些教室的資源。

　　第三章介紹了一些幫助幼兒園的孩子理解故事，以及了解書籍如何運作的策略。即使是非常年幼的孩子也能討論文學及分析文學。這　章提供了各種方法幫助孩子了解並回應敘述性和知識性的故事。

　　第四章討論了兒童文學在主題教學及學科領域，例如：戲劇扮演、藝術、音樂、社會研究、科學、數學及讀寫中的使用方法。

　　第五章強調在家庭中分享兒童文學的重要性，並建議了一些家長和其他照顧者能夠在家中及學校與孩子分享的活動。

　　「附錄 A」是一份為幼兒園孩子所提供不同類型的兒童文學建議書單。「附錄 B」所羅列的是一般所指的新讀寫能力（new literacies）的推薦清單，它們的形式（例如：網站及電視節目）有別於傳統印刷的書籍。「附錄 C」則補充了一些在教室中使用的說故事技巧。

　　本書中所提到老師及學生的名字都是化名。對於學生和老師的描述都是在我們的研究中曾經遇到的，是在真實教室情形中所呈現的綜合描繪。

職前及在職老師的專業發展

　　思考並討論你第一次對某本書所產生的相關正向讀寫經驗。是你的父親或母親朗讀給你聽的嗎？還是你的老師朗讀給你聽的？為什麼這個經驗很難忘？它引發了你什麼情感？

　　想想看，你可以如何使用某本書去幫助孩子解決他（她）自己的社會、情感或生理問題——或是別人也有這方面的問題。和孩子們執行概念及討論結果。

　　同時也思考文學能如何幫助 ELL 的孩子。試著為 ELL 的學生朗讀一本你相信會產生效果的書，並且與你的同儕討論結果。

Chapter ②

設立一個閱讀、說故事及理解書籍的讀寫中心

　　兒童文學能夠刺激幼兒園的孩子想要閱讀。孩子在就讀幼兒園時以及之前的書籍經驗，為他們接下來數年的讀寫發展奠定了基礎。我們應該為幼兒園的孩子提供一個讀寫材料豐富的環境，其中供應了具有挑戰性及帶來成就感的閱讀材料讓孩子選擇。在一個讀寫材料豐富的環境中，可以引發以下的許多活動：

1. 老師示範如何為了樂趣及獲得知識而閱讀書籍。
2. 孩子有機會在社會環境中或是獨立地使用書籍。
3. 孩子有機會在一種愉悅及輕鬆的氣氛中，聆聽由老師、父母及同儕朗讀的故事。
4. 老師透過討論、角色扮演及偶戲，讓孩子們回應文學。
5. 孩子們可以從教室中的讀寫中心帶書回家。
6. 孩子經驗到各種兒童文學類型。

 幼兒園中的故事書朗讀練習

　　如同第一章中所述，我們在提升孩子的讀寫能力發展方面，最重要的就是

為孩子朗讀，這可以幫助孩子對朗讀發展出正向的態度。朗讀的儀式促進了分享；透過朗讀故事書所產生的溫暖感覺，在故事結束後仍會持續很久。當一個大人和一個孩子間共同喜愛某些故事時，這些故事將具有特殊的意義。

朗讀的經驗必須是愉快且有互動的，才能讓孩子受益。為大聲朗讀營造一個輕鬆的氣氛，並選定一個特殊的地點，這很重要。在故事時間裡，你或許可以讓孩子們輪流坐在你身旁，而其他孩子們圍坐成一層或雙層的半圓。由於孩子們在聽故事時，喜歡欣賞插畫，所以把書面向團體拿著，或是朗讀時暫停一下並翻開書頁，讓孩子們能看到圖畫。

故事朗讀像是一種戲劇性的表演。在為孩子們朗讀故事前，先練習為自己大聲朗讀。當你為孩子們朗讀時，要具表現力。讓自己的聲音及臉部表情表現得符合正在發言的角色，慢慢地朗讀，並且生動活潑。將朗讀錄音或錄影下來，讓自己能夠評量和改進朗讀技巧。開始每一個故事之前，都先做一個介紹，並且為朗讀設定一個目標以提升理解力，如同以下例子所呈現的。

「今天我要朗讀一個小男孩家裡多了一個新生兒的故事。現在他必須分享他的東西，以前他從不需要分享。這本書的書名是《彼得的椅子》（Peter's Chair，中文版由上誼文化出版），作者是 Ezra Jack Keats（1998）。當我朗讀這個故事時，想想故事中你最喜歡的部分。如果你有弟弟或妹妹，想想你們家和彼得家相似的地方。」

當你朗讀完，用一些問題開始進行討論，例如：「你最喜歡故事的哪一部分？誰有弟弟或妹妹？」「你和你的兄弟姊妹或朋友間曾發生過任何問題嗎？發生了什麼事？你怎樣解決這個問題？」這些問題反映出朗讀開始所陳述的目的，並且提升了理解力。

在朗讀前及朗讀後進行故事討論，能夠提高孩子的興趣，尤其當討論的問題能夠反映出孩子的真實生活經驗或學校現行的主題時。故事書朗讀活動提供了一個很好的機會來幫助孩子們發展理解的技巧。以下是幼兒園的莉莎老師為四歲大的孩子朗讀完 Prokofiev（2008）所著的《彼得與狼》（*Peter and the Wolf*）後，帶領他們做互動的故事討論。

莉莎老師：哪些角色是好的，哪些是壞的？

賈斯敏　：狼是壞的，但其他角色是好的。

莉莎老師：你為什麼這麼想？

賈斯敏　：嗯，因為狼想吃掉鳥和鴨子。

泰隆　　：不，不對。那隻狼並不是真的壞；牠只是很餓。

瑪麗安娜：如果牠有食物，牠就不會想吃牠們。所以牠們帶牠去動物園，牠在那兒就可以得到食物。

莉莎老師：故事中還有沒有其他人是壞的，或是誰沒有做對的事嗎？

學生們　：〔異口同聲地說〕沒有！

伊娃　　：彼得的爺爺不想讓彼得單獨去森林裡，但他還是去了。他不聽話。

莉莎老師：為什麼你認為爺爺不想讓他單獨進入森林？

喬凡娜　：在森林裡，即使動物都不是壞的，但當牠們肚子餓時，除了吃東西，不知道還有什麼事可做。所以，如果四周都是野生動物，小朋友不應該單獨去。

莉莎老師：所以彼得是好的還是壞的？

達倫　　：他不是真的是壞小孩，但是他不聽話，而且差點惹上許多麻煩。

莉莎老師：雖然結果都沒事，但是這個故事有一個重要的教訓。我們要聽爸爸媽媽、爺爺奶奶或知道哪些事情是危險的長輩的話，這樣我們才不會受傷。有沒有人曾經做過一些大人說

　　　　　　　　不可以做的事情呢？

學生們　　：〔異口同聲〕沒有。

莉莎老師：你們確定嗎？

莎拉　　　：我做過。我媽媽叫我坐好喝我的牛奶，並且把我的杯子拿
　　　　　　好，牛奶才不會打翻。我不聽話，拿著杯子到處走，然後
　　　　　　一不小心，牛奶打翻了，潑得到處都是！弄得亂七八糟。
　　　　　　媽媽沒有生氣，她只說我得幫她收拾。好累哦。

　　以互動的討論作為故事書朗讀的結果，在幼兒園的孩子中，激盪出了問題
解決、批判性思考，以及正向與負向的情緒。

讀寫中心

　　在有讀寫中心的教室裡，孩子們朗讀及看書的情形通常會比教室裡沒有讀
寫中心的多出許多。努力創造一個氣氛吸引人的教室讀寫中心，能夠大為提升
孩子們對於書籍的興趣（Guthrie, 2002）。

❖ 讀寫中心的物理空間

　　教室讀寫中心的物理特徵扮演了能夠激勵孩子使用該中心的重要角色。設
計良好的教室讀寫中心，在自由選擇時段參與文學活動的孩子人數會明顯增
加；相反地，教室中的讀寫中心若是設計不良，在自由選擇時段中，文學活動
將成為極不受歡迎的選擇之一（Morrow, 1982, 1987）。

　　教室的讀寫中心應該是幼兒園教室的焦點區域，能夠立即被看到，並且樂
於邀請任何人進入其中。不過，許多孩子渴望隱私，有時他們會在衣櫥裡或架
子下看書。為了提供一些隱私感，可以利用書架、鋼琴、資料櫃，或是自由擺
放的布告欄，將讀寫中心分成兩個區塊。孩子們可以用耳機聆聽有聲書，在喧

鬧的教室中獲得片刻寧靜。此外，孩子們也可以使用繪製的紙箱作為一個舒適的閱讀角落。

讀寫中心的規模會隨著教室的大小而不同。通常，它應該大到足以舒適地容納五、六個孩子。圖1說明了一個有效率的幼兒園讀寫中心的設計。

因為讀寫中心裡的許多活動都在地板上進行，一張鋪在該區的小地毯、一個枕頭，或是豆袋椅，能夠讓地板區域感覺更吸引人。如果可以的話，也準備一張小桌子及一些椅子，讓孩子們能用耳機聆聽故事帶。選定一張成人尺寸的搖椅作為榮譽椅，成人可以坐在這張椅子上為孩子們朗讀，而且孩子們也可以兩個兩個坐在那裡一起閱讀。受邀的客人可以用這張椅子為全班介紹資訊。

一些柔軟的東西也可以放在讀寫中心，尤其如果是與教室圖書館中的書籍有關的，像是動物填充玩偶。舉例來說，一個兔子填充玩偶或許可以伴隨著由 Potter（2006）所繪的《彼得兔的故事》（*The Tale of Peter Rabbit*，中文版由青林國際出版）一起出現。孩子們喜歡為動物填充玩偶朗讀，或是在看書時抱著它們。此外，鼓勵閱讀的精美海報也可以從童書評議會（Children's Book Council，網站為 www.cbcbooks.org）及美國圖書館協會（American Library Association，網站為 www.ala.org）取得。

「作者焦點區」（Author's Spot）是一個完整的讀寫中心不可或缺的。這個區域通常是由一張桌子、幾張椅子及一些寫作材料的配件所構成，裡面會有彩色簽字筆、蠟筆及以大小分類的白色有橫格線的紙，或許還會有一台電腦。老師可以將一些白紙裝訂在一起，再加上彩色的西卡紙當封面，為孩子們準備一些現成的空白書自由書寫。書本可以剪裁成與主題相關的形狀，舉例來說，針對海洋的主題，可裁成魚形狀的書，或是針對自然的主題，則設計成蝴蝶形狀的書（請見圖2）。

圖 1　教室讀寫中心

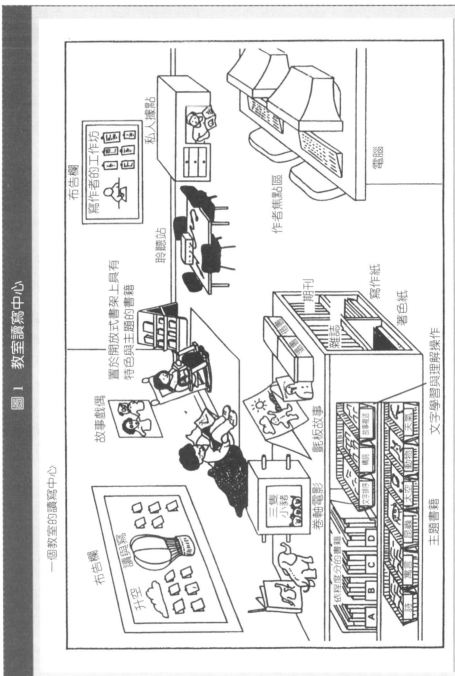

一個教室的讀寫中心

布告欄　讀與寫

布告欄　寫作者的工作坊

私人據點

電腦

作者焦點區

聆聽站

故事戲偶

置於開放式書架上具有特色與主題的書籍

期刊

寫作紙

雜誌

著色紙

圖畫板故事

卷軸電影

三隻小豬

文字學習與理解操作

依程度分的讀書籍

主題書籍

A　B　C　D

資料來源：Lesley Mandel Morrow, Literacy Development in the Early Years: Helping Children Read and Write, Sixth Edition. Published by Allyn & Bacon, Boston, MA. Copyright © 2009 by Pearson Education. Reprinted by permission of the publisher.

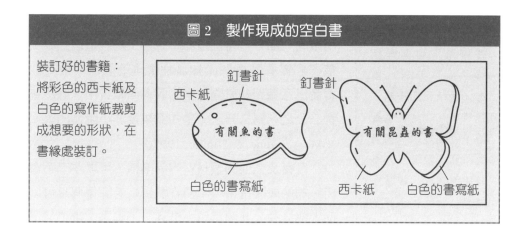

圖 2　製作現成的空白書

裝訂好的書籍：將彩色的西卡紙及白色的寫作紙裁剪成想要的形狀，在書緣處裝訂。

釘書針
西卡紙
有關魚的書
白色的書寫紙

釘書針
有關昆蟲的書
西卡紙
白色的書寫紙

❖ **圖書角**

　　圖書角是讀寫中心的一部分。在一個設計良好的圖書角中，書籍會以幾種方式收藏。有些書是以書背朝外放在書架上，有些則是放在開架式書架上，可以直接看到書的封面，讓孩子容易拿取。這樣的安排有助於吸引孩子對於特色書籍的注意力，這些書會定期更換。另一種是在書店中常見的開放式圓形書架，這些書架及開放式擺放的方式很理想，有助於突顯新的藏書或是與正在學習的主題相關的書籍。

　　藏書可以依照類別以色彩編碼及擺放。舉例來說，或許可以一個藍點標記在動物類書籍的書背上，並且將它們歸類在標明了「動物」，以及標籤旁有一個藍點的書架上。另一種藏書的方法是將書依種類放在塑膠箱中，並且在箱子的前面貼上標籤，註明箱中書籍的種類。對幼兒園的孩子來說，有插畫的標籤會有所幫助，例如，一張標有「植物」二字的植物圖畫可以與這個主題相關的書籍搭配出現。

　　教室圖書館的藏書應該要有多少？一個幼兒園教室的圖書館應平均為每個孩子提供五到八本書，困難程度跨越三到四級。有些書也建議多收藏幾本，因為孩子們喜歡與朋友看相同的書籍（Morrow, 1985）。藏書應該包括敘述性小說及知識性非小說（有時亦稱為「說明性文本」）。在過去，幼兒階段的藏

一個幼兒園教室的圖書館應平均為每個孩子提供五到八本書，困難程度跨越三到四級。有些書也建議多收藏幾本，因為孩子們喜歡與朋友看相同的書籍。藏書應該包括敘述性小說及知識性非小說（有時亦稱為「說明性文本」）。

書幾乎僅僅是敘述性的故事。而身為成人的我們，所讀的大部分材料都是非小說類；基於這個因素，孩子們需要許多閱讀知識性文本的經驗。如今教育者已意識到幼兒園教室的圖書館藏書中，應該包含三分之一到二分之一是知識類及非小說類的書籍（Moss, Leone, & Dipillo, 1997）。

書籍及其他閱讀材料容易累積，可以在二手書店、網站或跳蚤市場中便宜買到。老師每個月可以從大部分的公共圖書館中借到二十本書、邀請父母們捐書，或是為購書舉行募款。此外，孩子們的讀書俱樂部會針對大批的購買量，提供優惠的書，以及免費的紅利書籍。兒童雜誌及報紙也屬於教室圖書館的一部分，即使不是當期的也無妨。由於郵寄及運送的成本考量，有些出版社及本地的雜誌代理商會捐贈過期的刊物給學校。老師可以在圖書角介紹新書及閱讀材料，以確保孩子維持興趣。我們建議每個月介紹約二十本新書，以及更換二十本放在圖書角一陣子的書。所選擇的二十本新書可以是收在書櫃中一陣子的書。透過這種不斷替換的方式，「舊的」書籍在幾個月後會像新朋友一樣受到歡迎。循環輪流書籍也有助於彌補受限的預算。

為孩子們建立教室的借閱制度。幼兒園的孩子需要成人的協助進行借書及還書。借閱制度要簡單，例如：在歸檔於孩子名下的索引卡上抄下書名並記錄日期。另一種借書的方法是使用活頁筆記本，每一頁記載一個孩子借閱及歸還書籍的記錄。圖3是用來登記借閱書籍的筆記本中的一頁樣本。

圖 3	教室圖書借閱簿中的一頁樣本	

姓名：胡安・莫拉萊斯

書名	借閱日期	歸還日期
恐龍怎麼吃東西？	3 月 7 日	3 月 11 日
認識鯊魚	3 月 8 日	

❖ 圖書角中書籍的類型

　　為圖書角所選擇的書籍及材料應該要能吸引具有各種興趣及不同程度的孩子。幼兒園的孩子喜歡閱讀布書及硬頁書，他們也喜歡精裝書和平裝書。

　　孩子們尤其能從可預測的文學（predictable literature）中獲益。可預測性就像是大聲朗讀一樣，能夠幫助孩子更容易了解故事情節，並且讓他們融入其中。可預測的文學特色為具有押韻的、重複的、標語的及熟悉的順序，像是一星期中的星期幾或是數字；累積模式的，在其中事件重複發生的，或是隨著故事進行而添加的；主題熟悉的故事；以及熟悉或受歡迎的故事。

圖畫故事書

　　當我們說到兒童文學，多數人都會想到圖畫故事書，書中的文本與插圖密切相關。一本好的故事書包含了場景、主題、情節及結果。圖畫故事書的主題範圍可以很廣，而且有許多非常優秀的作品。美國凱迪克獎（Caldecott Medal）每年都會頒給獲選的傑出圖畫故事書繪者；每個班級圖書館都應該要

有凱迪克獎的書籍。舉例來說，由 Maurice Sendak 繪著，非常受孩子歡迎的《野獸國》，是 1963 年凱迪克金牌獎的得主（請見「附錄 A」）。

寫實性文學（realistic literature）是一種圖畫故事書的子類別，它處理真實生活的問題。幼兒園孩子最常需要處理的兩個問題是：睡前恐懼症以及家有新生兒，其他感興趣的主題或許還包括了看醫生及牙醫。

圖畫概念書

圖畫概念書很適合非常年幼的孩子。大部分的圖畫概念書沒有故事情節，但它們通常有主題，例如：動物或食物。每一頁通常包含了由一個文字定義的一張圖畫。許多圖畫概念書是由硬紙板、布或經嚴格處理含乙烯化合物所做的。字母書及數字書也被認為是圖畫概念書。

傳統文學

傳統文學包括了童謠、民間故事、童話，以及其他代代口耳相傳耳熟能詳的故事。我們通常會以為孩子們很熟悉《歌蒂雅和三隻熊》（*Goldilocks and the Three Bears*）（Brett, 1996）及《三隻小豬》（Galdone, 1984），但其實許多孩子從沒接觸過這些傳統的故事。對於聽過這些故事的孩子們，也樂於把它們當成老朋友般再聽一次。民間故事經常以圖畫書的風格被重述，這些故事很多是起源於其他的國家及文化，因此能擴大孩子的經驗及知識庫。

詩

詩在兒童文學藏書中太常被遺忘。許多主題的童詩選已經為幼兒做了彙編，應該將它們作為圖書角中重要的一部分。

大書

將超過一般尺寸的大型圖畫書放在畫架上，能讓一群孩子們邊看圖畫及文字，邊聽朗讀。這些書或許是將書籍原始出版的版式放大，或是針對大書版式特別寫的書。大書幫助幼兒將口頭及書面語言的關係做連結，並且讓老師容易示範印刷字如何跨頁從左往右讀。

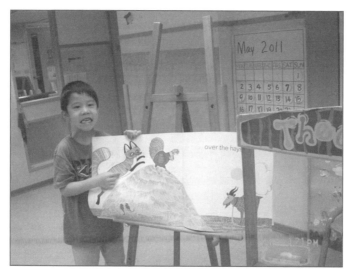

♥孩子運用大書唱作俱佳地演說《母雞蘿絲去散步》

（照片提供：普林斯頓幼兒園）

知識類書籍

　　如同本章前面所提到的，知識類書籍（或說明性文本）是非小說類書籍，這些書籍擴大了孩子的資訊背景，幫助他們探索新的概念，並且往往會激發他們對於某項特殊主題的高度興趣。好的說明性文本會遵照一種確定的結構，例如：描述、順序、比較和對比、原因和結果，或是問題和解決。幼兒園的孩子一般喜歡主題與社區、恐龍及名人有關的書。為幼兒園孩子所準備的知識性文本也可以包含菜單、標誌、報紙、賀卡、食譜等。

　　一些對於幼兒課堂的調查顯示，在大聲朗讀活動中所使用的材料，說明性的文本相較之下比例非常少——少於 15%（Yopp & Yopp, 2000）。一般的想法認為，幼兒期的孩子應該學習去閱讀及聆聽敘述性的文本，然後在小學階段進步到閱讀說明性文本學習知識。然而，當孩子進入四年級時，對於文學類型只有少量的經驗，卻突然被期待去閱讀說明性文本，這種方式會導致學生的學習困難。認為三到八歲的孩子年紀還小，不適合理解及欣賞說明性文本，這樣的想法是錯誤的。當你為班上孩子選擇朗讀的書籍時，切記說明性及敘述性的

文本要兩者兼顧。

新讀寫能力

「新讀寫能力」（new literacies）一詞意謂著以非傳統印刷的形式作為孩子的閱讀材料，它也意指為了學習更多而尋找讀寫材料時，人工智慧產品和經驗可當作資源。與電腦相關的科技提供了新讀寫能力極大的資源。舉例來說，你可以運用網路線上故事書為孩子朗讀、透過網際網路查資訊、使用電子郵件撰寫信件去回應別人，以及在網站上建立一個可以公告學生作品的地方，例如：他們對於文學的回應。學生們也能透過網際網路的搜尋去發現更多有關他們自身的文化遺產。可參考「附錄B」中所建議的兒童網站及電視節目。

❖ 品質的重要性

無論你為你的班上選擇了什麼樣的閱讀材料，重要的是要注重它的品質。優良的圖畫書包括了清楚、不雜亂的插畫。優質的敘事性文本具有以下的特徵：

- 一個生動的場景及清楚界定的角色。
- 精心設計有關主角問題或目標的主題。
- 指出幫助主角解決問題，或是達到目標的一連串插曲或情節。
- 一種解決問題或達成目標的決心。

優質的說明性文本具有以下一種或多種的結構（Vukelich, Evans, & Albertson, 2003）：

- 描述：以故事觀察為基礎，提供讀者一個主題的想像畫面。
- 順序：解釋製造出某種產物或產生結果的步驟。
- 比較和對比：通常會以兩種方式做比較。在分段比較中，兩種類似種類的

項目被比較然後對照。在逐點比較中，相似處和相異處被交替地比較。

- 原因和結果：因果關係訴說了為什麼某事會發生。
- 問題和解決：呈現一個問題，接下來是它的結果。為了了解這個結構，必須有一份可理解的年表。
- 範例（原因和例子）：輔助的細節伴隨主要概念一起被書寫印刷出來。

 # 讀寫中心裡的創意說故事

　　說故事有一種大聲朗讀所沒有的力量，因為它讓說故事的人可以使用創意的技巧，同時也具有拉近說故事者與觀眾間距離的優點。說故事能使孩子產生一種立即的反應，也是建立聆聽者與說故事者之間彼此回應的可靠方法。長篇的兒童文學可以針對幼兒園孩子的程度加以精簡，使得故事能一次說完。把它視為一項藝術，大部分的人都能掌握說故事技巧。

　　當你說一個故事時，沒必要去背誦文字，但必須熟悉故事。記住故事中重要的口頭禪和引用句。運用具表情的聲音使你的表現生動活潑，但是不要因你戲劇性的技巧而使得故事本身失色。直接注視孩子，並且留意他們的注意力。當你說完故事時，要將故事書留在手邊，那麼孩子們便能夠透過圖畫及文本再次欣賞故事（Ritchie, James-Szanton, & Howes, 2002）。

> 說故事有一種大聲朗讀所沒有的力量，因為它讓說故事的人可以使用創意的技巧。它也具有拉近說故事者與觀眾間距離的優點。說故事能使孩子產生一種立即的反應，也是建立聆聽者與說故事者之間彼此回應的可靠方法。

❖ 創意的技巧

　　創意的技巧有助於讓說故事變得生動活潑。它們能激發想像力，讓聆聽者融入其中，並且激勵孩子們試著自己說故事，從故事中獲得創意技巧的線索。

有些故事非常適合使用法蘭絨故事板，有些故事適合使用戲偶，而有些則可以運用「粉筆談話」，也就是邊說故事邊在黑板上繪畫。

法蘭絨故事板

法蘭絨故事板加上一些故事中的角色是教室裡很受歡迎也很重要的說故事工具。你可以購買黏貼在法蘭絨故事板上的一些角色，或是自己動手在西卡紙上畫一些圖形，以透明膜片裱褙或用硬紙板補強。在剪裁好的圖形後面貼上氈黏帶或砂紙，這樣它們就可以固定在法蘭絨故事板上。事件和角色不多的敘述性及說明性的文本，最適合以法蘭絨故事板重述故事。圖4a呈現出一個孩子邊使用法蘭絨故事板「讀」故事，邊辨認出不同的角色；圖4b呈現出孩子們使用圖像及文字說一個故事。

戲偶

說故事時使用戲偶可以豐富對話。戲偶分為許多種類，包括指偶、手偶、棒子偶及臉偶。害羞的孩子經常會因為在說故事時運用了戲偶而感到安心。

♥老師運用手偶與穿著戲服的孩子一起演說萬聖節的故事

（照片提供：普林斯頓幼兒園）

例如：Galdone 所著的《薑餅男孩》（*The Gingerbread Boy*, 1983）及《小紅母雞》（*The Little Red Hen*, 2006）很適合運用戲偶來說故事，因為故事短，只

圖 4　使用法蘭絨故事板

♥4a　一個孩子使用法蘭絨故事板辨認出不同的角色

（照片提供：紐約蒙特梭利學校）

♥4b　學生們使用法蘭絨故事板合作說一個故事

（照片提供：紐約蒙特梭利學校）

有幾個角色及重複的對話。知識類的書籍也可以運用一個戲偶來重述。圖 5 提供了一些可以用來創作戲偶的圖形;圖 6 呈現出孩子們在讀寫中心裡,使用戲偶及法蘭絨故事板的角色的情形。

圖 5　戲偶的圖形

教學指引:製作一些圖形的幻燈片。將壁報紙黏貼在牆壁上。把放在高射投影機上的幻燈片對著壁報紙投射,以得到你想要的尺寸。臉的圖形(上面挖空好橢圓形)應該大到足以讓學生們站在他們的後面,並且讓臉透過挖空的部分露出來。畫下圖像並著色,為特定的故事添加特徵。以透明膜片裱褙或用硬紙板補強,然後裁剪。在戲偶的背面貼上砂紙好附著在法蘭絨故事板上,也可以在戲偶的背面貼上壓舌板或冰棒棍製成棒子偶。

圖 5 戲偶的圖形（續）

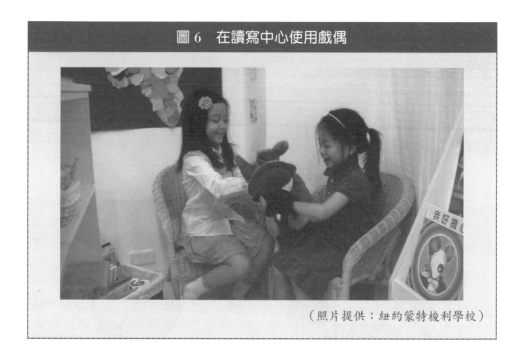

圖 6　在讀寫中心使用戲偶

（照片提供：紐約蒙特梭利學校）

音樂及音效

　　音樂幾乎可以搭配著任何故事來使用。音樂及聲音讓故事時間增添了趣味。你和孩子們可以使用旋律、聲音及樂器為故事提供音效。在準備說一個故事時，首先要選擇故事的哪些部分可以利用聲音效果，然後決定製造哪些聲音及由誰負責製造。說故事時，每個人可以和諧悅耳地奏出他所分配到的聲音。錄下所演奏的，然後把錄好的音樂與原來的故事書一起放置在讀寫中心裡，讓孩子們之後可以去聆聽。很適合搭配聲音效果的書籍，包括 McGovern（1992）所著的《太多的噪音》（*Too Much Noise*）及 Dr. Seuss（1970）所著的《布朗先生學牛叫，你能嗎？》（*Mr. Brown Can Moo! Can You?*）。

道具

　　為了替說故事增添視覺成分，可以收集填充動物偶、玩具及其他可以代表故事中角色與東西的物品，在說故事時間中適時地展示道具。舉例來說，三個填充熊和一個金髮的娃娃可以用來作為《歌蒂雅和三隻熊》（Brett, 1996）

的道具，或是幾個玩具火車可以用來作為 Piper（2005）的書《小火車做到了！》（*The Little Engine That Could*，中文版由天下遠見出版）的道具。

粉筆談話

粉筆談話（chalk talk）是另一種能夠吸引聆聽者的技巧，說故事者邊說故事邊畫畫。當粉筆談話運用在一塊大黑板上，使得整個故事自開始到結束被依序畫出時，能夠達到最大的效果。故事也可以被畫在壁紙上，用蠟筆或麥克筆來代替粉筆。選擇一個有簡單插畫的故事，當你說故事時，只要畫幾張被選出來的圖畫。有幾個故事很適合用粉筆談話來說故事，例如：Johnson（1981）所著的《阿羅有枝彩色筆》（*Harold and the Purple Crayon*，中文版由上誼文化出版）及其系列作品。粉筆談話的例子請見「附錄 C」。

♥《小火車做到了！》
　文／華提・派普爾；圖／羅倫・隆
　譯／郭恩惠
　出版／天下遠見出版股份有限公司

♥《阿羅有枝彩色筆》
　文圖／克拉格特・強森
　譯／林良
　出版／上誼文化實業股份有限公司

錄製的故事

耳機及錄製的故事能讓孩子們一面隨著文本閱讀，一面透過耳機聽故事。這對 ELL 的孩子很有幫助，因為錄製的故事示範了正確的英語及流暢的朗讀。請家長及教室中其他的志工將孩子們喜愛的故事錄製下來。

電子故事書

一些優秀的童書已被製作成電子書的形式出版。當圖像在螢幕上移動時，文本被大聲朗讀出來。這些故事被製成動畫，能夠引發孩子的動機並提升早期的讀寫技巧。電子書的另一項優點是，閱讀電子書時，能進行一些被嵌入在其中的技巧性活動（Wepner & Ray, 2000）。電子書可以投射在螢幕上給全班孩子看，或是不依賴老師而和同儕一起聆聽，或獨立聆聽。

孩子們對於電子書具有極大的掌控力。他們能決定故事呈現的速度及何時翻頁，也可以選擇一個故事閱讀及重讀。故事可以設定為逐字或逐行閱讀。

孩子們可以透過為插畫命名與書中的角色產生互動，以及透過孩子所說出的文字，能夠立即成為動畫的文本。有些故事的程式軟體可以在故事呈現時，讓孩子去改變故事的情節，而有些程式也能讓孩子和大人去創作屬於他們自己的書。這些書可以是個人化的，並且放入家人、寵物及孩子的家庭照片等。其中也可以包含可預測及重複的片語，好讓幼兒們能閱讀他們自己的書。孩子或許能編寫以下有關寵物的故事：

- 我的狗喜歡他的狗食。
- 我的狗喜歡人的食物。
- 我的狗喜歡玩。
- 我的狗喜歡我。

除了建立讀寫的技巧外，閱讀電子故事書及創作個人的書，能夠幫助孩子從多項軟體程式的選擇當中獲得自信（McKenna, 2001）。一些具有創意技巧的故事範例請見「附錄 C」。

❖ 示範說故事的技巧

　　我們所列舉的說故事技巧還稱不上詳盡，你和孩子會發現更多其他的說故事方法。當你為孩子示範說故事的策略時，他們會受到激勵，自己也開始說故事。在說故事的時段過後，孩子能使用你所示範的技巧去說你所說過的故事。幼兒園的孩子會用戲偶或法蘭絨故事板的圖形，自發地創作故事。

♥孩子們聽完故事後，以偶戲表演故事內容

（照片提供：普林斯頓幼兒園）

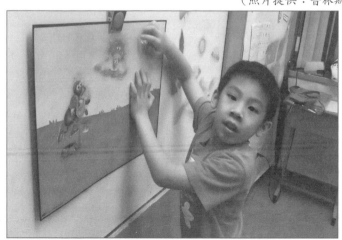

♥孩子以磁鐵說故事板說《太陽與北風》

（照片提供：普林斯頓幼兒園）

當孩子們以一種發表的方式說故事時，投入在說故事中對他們來說是一種重要的經驗。當他們使用法蘭絨故事板的圖形說故事時，他們顯現出對於文本的理解力。孩子們會談論有關故事的細節、主要概念、故事事件及解決方法。當他們說故事時，也會詮釋不同角色的聲音。在以下的段落中，作者之一萊斯利從她幼兒園的教學經驗中，回想起一個成功的法蘭絨故事板活動。

當我教幼兒園時，我想讓孩子們學習使用法蘭絨故事板去說故事及重述故事。我決定透過與班級孩子們分享一個容易改寫、可高度預測的故事，來示範使用法蘭絨故事板說故事。

故事叫作「一隻名叫佩特的兔子」（A Bunny Named Pat），這是一個作者不詳、有關一隻不喜歡自己的顏色太樸素的灰兔子的故事。佩特能改變自己的顏色，但每當他這麼做，他的冒險經驗都不愉快。故事表現出以下疊句的特性：「我是一隻名叫佩特的兔子／我既漂亮又胖嘟嘟／而且我能改變我的顏色，就像這樣！」

當我介紹這個故事給孩子們時，我讓他們去聆聽佩特所變的顏色，以及他每次面臨到的問題。然後我使用不同顏色兔子的角色在法蘭絨故事板上說故事。故事結束時，我們討論佩特及他所變的不同顏色。我們也討論故事的結尾及它的意義，試著將這個結局與孩子們的經驗做連結。我問孩子們他們是不是曾經想當成別人，如果是，為什麼？

在討論之後，我讓孩子們去想佩特可能會變成的其他顏色，並且為兔子設計另一個新的冒險。孩子們能夠從不同顏色的兔子圖形中選擇一隻有顏色的兔子，然後講述佩特的新顏色及他的冒險。兔子們都是以硬紙板做成，背面貼了氈黏帶，以便能附著在法蘭絨故事板上。

四歲的琳賽分享了她的故事：

「我是一隻名叫佩特的兔子，我既漂亮又胖嘟嘟，而且我能改變我的顏色，就像這樣！」佩特把他自己變成像蘋果一樣紅。一些蜜蜂

飛來。他們看到紅色的佩特，以為佩特是一個蘋果。蜜蜂們接近佩特，想要把他吃掉。佩特跑啊跑，但是蜜蜂一直在後面追。所以他說：「變成紅色一點也不好，我是一隻名叫佩特的兔子，我既漂亮又胖嘟嘟，而且我能改變我的顏色，就像這樣！」

這個活動讓孩子們參與討論並創作一個故事。這個活動具有激勵作用，因為它讓孩子積極地投入在故事中。故事的主題——自我形象，是對話學習中一個重要的主題，並且能幫助孩子了解每個人的優點、缺點及需要。圖7的教學範例，是針對在教室中使用一個佩特兔法蘭絨故事板的圖形，分享「一隻名叫佩特的兔子」的活動所提出的。

圖7 分享「一隻名叫佩特的兔子」的教學範例

教學指引：利用佩特兔法蘭絨故事板圖形，創造五個可辨認出不同顏色的法蘭絨故事板角色：灰色、藍色、黃色、綠色及橘色。當你講述以下的故事，在為不同的兔子取名時，拿起一個新顏色的兔子並將它放在法蘭絨故事板上。孩子們自己能夠使用貼了氈黏帶的角色重述故事，他們喜歡重複並會展現出理解力。

「一隻名叫佩特的兔子」

　　從前有一隻灰色的小兔子，他的名字叫佩特，一天他看看四周，看到他所有的兄弟姊妹、表兄弟姊妹和朋友也都是灰色的。他想要變得和他們不一樣，於是他說：

　　　「我是一隻名叫佩特的兔子，我既漂亮又胖嘟嘟，
　　　而且我能改變我的顏色——就像這樣！」（彈手指。）

　　然後佩特突然變成藍色的兔子。他藍得像天空，藍得像大海。他藍得像黃昏，藍得像黎明。他覺得變成藍色很美妙而且棒極了，他決定去看湖水裡的自己。他來到湖邊，欣賞自己在水中的倒影。他往前傾得太遠……噗通！他掉進了池塘裡。佩特掉進很深的藍色水裡，但是他不會游泳，他很害怕，發出了求救信號。他的朋友們聽到了，可是當他們趕到池塘邊時卻看不見佩特，因為他和水一樣的藍。幸好一隻烏龜游過，幫助佩特安全抵達岸上。佩特謝謝了烏龜。他決定自己不想要變成藍色的，於是他說：

圖 7　分享「一隻名叫佩特的兔子」的教學範例（續）

　　「我是一隻名叫佩特的兔子，我既漂亮又胖嘟嘟，

　　而且我能改變我的顏色——就像這樣！」（彈手指。）

　　這一次，他把自己變什麼顏色？是的，他是黃色的——黃得像太陽，黃得像黃色水仙花，黃得像一隻金絲雀。變成黃色看來好像是一種快樂的色彩。他非常滿意自己的新顏色，他決定散步穿過叢林。你想他在叢林中遇見了誰？他遇見了獅子和老虎。獅子和老虎看著佩特的黃色皮毛，說：「你穿黃色的皮毛要做什麼？我們才是叢林中唯一應該是黃色的動物！」然後他們兇猛的吼叫。小兔子佩特很害怕，一路狂奔回家。他說：

　　「我是一隻名叫佩特的兔子，我既漂亮又胖嘟嘟，

　　而且我能改變我的顏色——就像這樣！」（彈手指。）

　　這一次，他把自己變成什麼顏色？是的，他是綠色的。他像青草及樹葉一樣的綠。他像一隻蚱蜢和一片草地一樣的綠。成為一隻綠色小兔子，佩特心想他是所有兔子們嫉妒的對象。他想和其他朋友在草地上玩，可是因為他是草的綠色，在草地上看不見他，他的朋友們看到他時，都只是跑過去或躍過他，完全沒有看到他，或是誤以為他是蚱蜢。所以當小兔子佩特變成綠色時，沒有兔子和他一起玩。變成綠色，一點也不好玩，於是他說：

　　「我是一隻名叫佩特的兔子，我既漂亮又胖嘟嘟，

　　而且我能改變我的顏色——就像這樣！」（彈手指。）

　　這一次，他把自己變成什麼顏色？是的，他是橘色的。他橘得像一根紅蘿蔔、像落日，橘得像個南瓜——他是最閃亮的顏色。他決定出去和他的兄弟姊妹及朋友玩。但是你猜發生了什麼事？當他的朋友們看到他時都停止遊戲，並且開始嘲笑：「哈哈哈！有誰聽過橘色的兔子呢？」沒有兔子想和他玩。他再也不想變成橘色了。他不想變成一隻藍色小兔子，因為如果他掉進池塘，沒有人看得到他也不能去救他。他不想變成一隻黃色小兔子，因為他害怕獅子及老虎。他不想變成一隻綠色小兔子，因為那讓他看起來像是草地，而且他的朋友都看不見他。他說：

　　「我是一隻名叫佩特的兔子，我既漂亮又胖嘟嘟，

　　而且我能改變我的顏色——就像這樣！」（彈手指。）

| 圖 7　分享「一隻名叫佩特的兔子」的教學範例（續） |

你知道這次小兔子佩特把自己變成什麼顏色嗎？沒錯，你答對了！他把自己變回灰色。現在他是灰色的，所有的朋友都和他一起玩。沒有人對他吼叫或嘲笑他。他是灰色的，像是一片雨天的雲，灰得像一隻大象，灰得像貓柳。他覺得變回灰色的很溫暖、很舒服。從那時開始，小兔子佩特很高興自己是灰色的，他也下定決心，當真正的自己最好。

 ## 使用讀寫中心

身為幼兒園教師，我們希望激勵孩子成為終身自發性的讀者。當所讀的是著名的作品時，幼兒們較可能對閱讀發展出正向的態度。除了大聲朗讀及其他老師引導的活動外，孩子們需要時間自己或與同儕一起去探索書籍和說故事的材料。老師們可以在精心計畫下，幫助孩子在讀寫中心裡善用時間及材料。

❖ 獨立閱讀的時間

每天為孩子選定十分鐘在讀寫中心裡看書或朗讀書。在這段時間裡，孩子們可以選擇他們自己看或與同儕一起看和一起朗讀的書（圖 8 中的孩子在讀寫中心裡獨立閱讀）。為了幫助孩子能投入在獨立的閱讀中，可以利用一個特別的書架、一個籃子，或一個塑膠條板箱，來推薦一些具吸引力的選書。限制書籍的數量，讓書籍選擇的過程迅速容易（Ritchie et al., 2002）。如果你的班上有十六個孩子，不要放超過二十五本書在獨立閱讀的書架上。在你的教室裡提供與當前學習主題相關的書籍。舉例來說，如果孩子們正在學習動物，你或許可以選擇一些動物的書，將這些書放在獨立閱讀的籃子裡，或是放在獨立閱讀

的書架上。其中也要包含幾本孩子們已熟悉的書，像是之前老師已經大聲朗讀過的書籍（Morrow, 1990, 1992; Morrow, O'Connor, & Smith, 1990）。在獨立閱讀時段結束時，邀請一些孩子說說有關他們所看的或朗讀的書籍。透過這樣討論的方式，學生開始學會負起責任。他們發現當自己閱讀時，要去思考自己讀了些什麼。

圖 8　在讀寫中心裡獨立閱讀

（照片提供：紐約蒙特梭利學校）

♥孩子獨立為全班朗讀故事

（照片提供：普林斯頓幼兒園）

❖ 讀寫中心時間

　　讀寫中心時間能夠讓孩子從幾個和書籍及相關材料有關的活動中做選擇。比起獨立閱讀時間裡只進行安靜的閱讀來說，這是一個更為活潑的時間。當孩子們使用材料之前，老師要先示範如何運用。剛開始，老師可以為孩子們分派工作；一旦孩子熟悉中心裡的資源，他們可以自己選擇活動。在讀寫中心裡，孩子們獨立參與閱讀及寫作活動，並且練習重要的讀寫技巧。老師每天都要交替安排獨立閱讀的時間及讀寫中心活動時間，讀寫中心時間應該進行約十五分鐘。

❖ 老師在獨立閱讀及讀寫中心時間裡的角色

　　除了準備讀寫中心的環境，老師也在獨立閱讀及讀寫中心時間前及當中扮演一個重要的角色。老師示範活動，幫助孩子們選擇並開始使用材料，當孩子需要協助時，更要參與在他們的活動中。進行獨立閱讀及讀寫中心時間的原因之一是，為了吸引孩子們進行自我引導的活動，這些都是需要學習的重要行為。

❖ 獨立閱讀及讀寫中心時間的運作

　　在以下的例子中，琴和她四歲大的幼兒班級在學期的最後一天進行了幾個讀寫中心的活動。

　　路易斯和雷蒙緊緊地擠進一張搖椅中，分享著一本書。馬賽爾、派翠克及蘿絲安琪拉舒服地窩在一個書架下──一個裝滿動物填充玩偶的個人空間。他們輪流進行假裝閱讀。

　　泰莎及蒂芙妮在地板上玩法蘭絨故事板，並且從《薑餅男孩》（Galdone, 1983）故事中所剪出的圖案，輪流說這個故事並操作戲偶：「跑，用你最快的速度跑！你抓不到我，我是薑餅人！」

　　另外四個孩子用雙耳式耳機聆聽《皮耶》（Pierre, Sendak, 1991）的錄音帶，每個孩子拿著一本書並跟著敘述者吟誦：「我不在乎，我不在乎。」

❖ 回應讀寫中心

　　一項針對教室裡有讀寫中心的老師及孩子們進行訪談的研究（Morrow, 1992），顯示了他們對於讀寫中心時間的意見。這個研究的目的是測定他們對於教室中有讀寫中心及讀寫中心時間的態度。老師們表示，讀寫中心空間的設計向孩子宣告了書籍在他們教室中的重要性。老師們意見一致地表示，孩子們被閱讀中心的操作性材料所吸引，例如：法蘭絨故事板及戲偶。他們發現搖椅、地毯、枕頭及動物填充玩偶讓閱讀中心成為氣氛放鬆、舒適，且適合閱讀的地方。一位老師談到：「讀寫中心變成一個讓孩子們坐在一起並且分享書籍的地方。這個社會性背景提供了一個溫暖的氛圍，孩子們每天都期待在那裡的時光。」一個孩子說：「我喜歡舒服地窩在枕頭上看書。」另一個孩子說：「我喜歡坐在搖椅上閱讀。」還有一個孩子說：「我喜歡從學校借書回家。」

❖ 評量讀寫中心時間

　　延續以上的研究，在讀寫中心時間裡，老師們被要求觀察自己的班級，注意哪個孩子需要協助他開始進行一項任務，以及孩子們選擇參與什麼活動。老師們錄下活動的軼事，製作團體活動的錄音帶及錄影帶。老師們還討論讀寫中心的設計，以及如何改善讀寫中心來增進學生的生產力。老師會將讀寫中心從教室的一區移到另一區，因為發現那兒比較寬敞、明亮，也比較安靜。此外還添加了書籍及操作性材料，以提供孩子們更多的選擇。圖 9 的評量表可以用來評量你的讀寫中心。

 ## 評量孩子們對書籍的態度

　　當孩子們聆聽故事、朗讀書或看書時，觀察他們的行為能有效地評量出孩子對於書籍的態度。孩子們對於他們正在看或讀的書籍投入多少注意力？他們只是簡單地隨便翻翻嗎？他們快速地翻書，不太注意文字及圖畫嗎？他們對於書中的圖畫從頭到尾都表現出持續的注意力嗎（Martinez & Teale, 1988）？當給予孩子們一定範圍的選擇時，注意他們選擇看書的頻率如何。使用隨機的一對一訪談，問孩子他們在學校及家中最喜歡做的是什麼，以確定他們對於閱讀的興趣。在親師會議中，詢問父母他們的孩子是否會自動自發地看書，或是孩子們閱讀時是否集中注意力。問問家長他們為孩子朗讀的頻率如何。搜集有關家庭讀寫環境的事實，這將有助於了解孩子對於讀寫活動的態度。評量孩子對於閱讀態度的檢核表（見圖 10），可以影印下來放在孩子的**評量檔案夾**中。

　　幼兒渴望去學習及認識新概念。非小說的故事書為孩子提供了豐富的資訊，透過故事，他們獲得了真實及同理心的經驗。

圖 9　評量你的讀寫中心及讀寫中心時間

___ 孩子們參與部分圖書角設計（訂定規則、為區域命名及製作材料等）。

___ 這個區塊是在教室裡一個安靜的區域。

___ 這個區塊是在視覺及身體上可接近的。

___ 這個區塊的部分與教室的其餘部分隔開。

___ 有書架可存放書背朝外的書籍。

___ 開架式的書架上陳列一些新書或有特色的書籍。

___ 上架的書籍有一個組織的系統（例如：依文學種類不同分類）。

___ 平均每個孩子能分到五到八本書。

___ 有許多種類的書籍，並且每種依難度分成三或四級。以下是書籍的種類：

　　___ 圖畫故事書

　　___ 傳統文學

　　___ 詩

　　___ 寫實性文學

　　___ 知識性或說明性文本

　　___ 傳記文學

　　___ 兒童易讀系列

　　___ 謎題及笑話書籍

　　___ 互動書

　　___ 系列叢書

　　___ 無字書

　　___ 與影視相關的書籍

　　___ 小冊子

　　___ 報紙

　　___ 雜誌

___ 新書每個月循環一次。

___ 有一套借書系統讓孩子可以借書回家。

___ 有一塊地毯。

___ 有一些抱枕或豆袋椅。

___ 有一張搖椅。

___ 有一些雙耳式耳機及故事帶。

圖 9　評量你的讀寫中心及讀寫中心時間（續）

___ 有一些關於閱讀的海報。

___ 有一些動物填充玩偶。

___ 區域標上由全班所選出的名字。

___ 有一塊法蘭絨故事板及故事角色，搭配相關的書籍。

___ 有一些說故事的戲偶及道具。

___ 有一些寫故事的材料，並且將它們放入書中。

___ 在角落裡有一個私人據點，例如：一個能夠爬進去在裡面閱讀的箱子。

___ 這個區域利用到教室約 10% 的空間，能容納五到六個孩子輕鬆地待在其中。

圖 10　評量孩子對於閱讀的態度

孩子的姓名：_____　日期：_____

在學校會自動自發地看書或讀書。	總是____	有時____	從不____
要要求他才會去閱讀。	總是____	有時____	從不____
朗讀給他聽時會注意聆聽。	總是____	有時____	從不____
在有關書籍的問題討論時有所回應， 　並且針對大聲朗讀故事會發表意見。	總是____	有時____	從不____
拿書回家自發性地閱讀。	總是____	有時____	從不____

老師評語：

職前及在職老師的專業發展

在你的教室中建立一個真實或想像的讀寫中心空間。畫一張草圖並列出所需的材料。記錄一張你現有的及需要的財產目錄，算出所需的花費，建立一個符合你理想的讀寫中心。

製作一份在你教室裡所有書籍的清單。清點你有多少不同類型的藏書，以及還需要補充哪些書以增加你的藏書，製作一份你想添加的書單。

拜訪和你同一棟樓其他老師的班級，去了解他們的讀寫中心看來如何以分享你的概念。

為你的孩子們或你的同儕們在學習團體時間裡朗讀一個故事，討論這樣呈現的正面及負面意見。像編劇一樣地說一個故事，並且互相評論。用道具說一個故事。

和你的同事們設計一套故事偶、道具、毛氈圖形、粉筆談話、音樂及故事等，分享這些資源。讓家長們也來參與，並且幫忙製作一些。

利用圖 9 評量你的讀寫中心。以你所發現的為基礎，創造一些改變。在圖 10 中評量孩子對閱讀的態度，幫助孩子加強那些需要提升的領域。

Chapter 3

支持閱讀理解力：
對書籍有所回應

　　每回當詹森太太為班上的孩子朗讀時，她一開始總是會先讀出一本書的書名、作者及繪者。她這麼做是為了鼓勵孩子注意書名及書籍的創作者。這天，在讀寫中心時間裡，戴門放了一本《雞湯粥》（*Chicken Soup With Rice*, Sendak, 1991）在大書的架子上。他找來了三個孩子當聽眾，並且說：「我要讀這本書給你們聽。」作為開場。戴門將書翻到第一頁，開始假裝為孩子們朗讀。派翠克突然跳起來說：「戴門，你還不能開始讀，你忘記念書名了！」戴門以拳頭輕敲自己的前額，看來有點氣惱地說：「我怎麼忘了這個！我要念的書書名是《雞湯粥》。」

　　戴門和派翠克表現出他們對於**書籍的概念**的認識。當戴門假裝朗讀故事時，他知道書是用來閱讀的，他也知道開始說故事前，要先朗讀書名。

 ## 書籍的概念

　　在讀寫能力的學習方面，獲得書籍概念的知識是一個重要的里程碑。已具備書籍相關經驗的孩子，或許已經了解到圖書的概念，例如：如何對待書籍、

> 在讀寫能力的學習方面，獲得書籍概念的知識是一個重要的里程碑。

認識書籍的各部分，以及了解圖畫與文字間的不同。其他沒有書籍經驗的孩子則需要學習這些概念。對書籍有良好概念的孩子具備以下能力：

- 知道書籍是用來閱讀的。
- 能分辨書籍的前後及上下。
- 能朝正確的方向翻書。
- 了解圖畫與文字間的不同。
- 了解書頁上的圖畫與文字所說的有關。
- 知道從書頁的哪裡開始閱讀。
- 知道書名是什麼。
- 知道作者是什麼。
- 知道繪者是什麼。

❖ 示範書籍的概念

　　我們往往認為孩子都明白基本的書籍概念。然而，對許多幼兒園的孩子而言，他們完全不熟悉這些概念。因此，老師應經常為孩子朗讀，並且利用每一次的機會強調書的概念。舉例來說，當你介紹一個故事時，可以透過一面指著書名，一面說：「我要朗讀的故事書名是《兔子先生，幫幫忙好嗎？》（*Mr. Rabbit and the Lovely Present,* Zolotow, 1977，中文版由遠流出版）。這是書的封面，這些字是書名。」

　　改天，你或許會向孩子解釋：「寫這本書的作者是夏洛特‧佐羅托，這是她的名字。畫這些圖畫的繪者是墨里斯‧桑達克，這是他的名字。」

　　指出這些概念，提醒孩子每一本書都有書名及作者，如果書中有圖畫或照片，也會有繪者或拍攝者。討論拍攝者及繪者間的不同。當你討論完這些概念後，建議孩子每當他們讀一本新書時，留意書名。類似的對話有助於解釋其他

的概念。例如，教導孩子文字及圖畫間的不同時，你可以說：「指出一張圖畫，現在指文字。我們在讀的是什麼，圖畫還是文字？」

每次當你為大團體、小團體或個別孩子朗讀時，要求他們指出書籍的上面及下面，以及你應該從書頁上的哪裡開始朗讀。這種儀式加強了重要的文字概念，並且幫助你清楚哪個孩子確實了解這些概念，以及哪些孩子需要更多的教導。在重複的練習下，孩子開始以一種新的方式體驗書籍。舉例來說，一個四歲的孩子聽完《小火車做到

❤《兔子先生，幫幫忙好嗎？》
文／夏洛特·佐羅托
圖／墨里斯·桑達克
譯／林真美
出版／遠流出版事業股份有限公司

了！》（Piper, 2005），她要求：「指給我看小火車說的：『我想我可以，我想我可以』在哪裡？我想在書裡看到小火車說的話。」當老師給她看文本時，這個孩子一面複述每個字，一面指著那個字，然後要求看書中其他的字。她繼續尋找書中的其他部分，每次當她發現「我想我可以，我想我可以」的字句時，都興奮地讀出來。

❖ 使用大書學習書籍的概念

對幼兒園到小學低年級的孩子來說，大書是早期讀寫教學的一個重要部分。在這些書中，放入的文字及圖畫有助於教導孩子書籍的概念、印刷字體及文本的意義。在小團體和大團體的環境中使用大書時，可以鼓勵孩子們積極地投入。將大書放在適當的位置，讓孩子們能看見圖畫及文本。你或許會想將書放在架上，這樣比較容易操作。可以購買坊間的大書或是自製大書，在班級中製作大書能夠提升孩子對於書籍的概念。圖 11 提供了如何製作大書的說明。

大書由於尺寸較大而有助於孩子發展書籍的概念。當老師從左至右跨越書頁依循文字朗讀書籍時，孩子了解書籍是用來閱讀的。他們注意到我們從書頁的哪裡開始閱讀，並學習分辨文字與圖畫的不同。孩子們開始了解朗讀者所傳達的話是來自於朗讀書中的文字。

孩子除了學習書籍的概念，也需要學習了解他們聽到的朗讀內容是什麼。要求他們對於兒童文學做出回應的活動，將有助於他們學著去理解。

圖 11　如何製作一本大書

材料

☐ 兩張用來製作封面的硬紙板（14×20 吋到 20×30 吋）

☐ 十張或更多張的白報紙用來做書頁，尺寸與做封面用的硬紙板同樣尺寸

☐ 六個活頁環（1.25 吋）

☐ 打洞機

說明

☐ 將封面及書頁的上、中、下各打一組洞。

☐ 在每一個洞穿上一個活頁環，一本大書至少要包含十頁。

☐ 文字的行高應該要有 1.5 到 2 吋高。

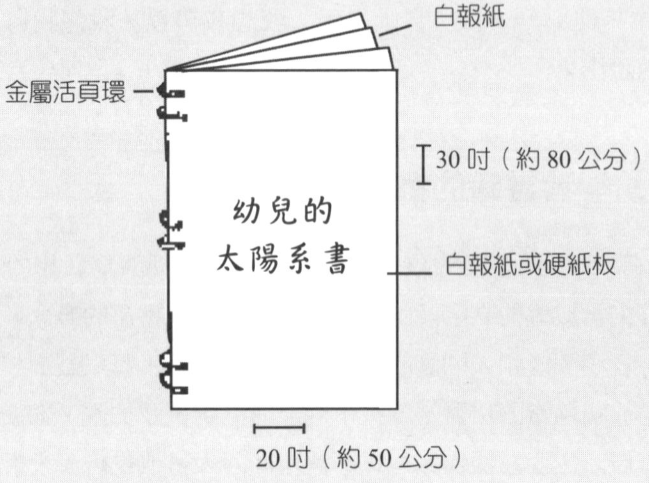

白報紙

金屬活頁環

30 吋（約 80 公分）

幼兒的
太陽系書

白報紙或硬紙板

20 吋（約 50 公分）

發展幼兒園孩子的理解力

閱讀或聆聽及了解文本的理解力，是閱讀教學的主要目標之一。當幼兒園的孩子聆聽故事時，大腦會進行活躍的理解過程。孩子們仰賴先備知識去詮釋所聽到的意義（Pressley & Hilden, 2002）。閱讀中的社會互動提升孩子們理解力的發展（Teale, 1981）。舉例來說，孩子們會從與為他們朗讀的成人討論中獲益。

> 閱讀或聆聽及了解文本的理解力，是閱讀教學的主要目標之一。

閱讀及聆聽的理解力依照文本的困難度而有所不同。因此，在為孩子閱讀時，記得以下文本的特質將會影響孩子的理解程度（Graves, Juel, & Graves, 1998）：

- 內容的熟悉度。
- 了解文本所需具備的背景知識。
- 主題能引起聆聽者的興趣嗎？
- 句子的句法複雜性。
- 所包含的字彙數量及難度。
- 段落的長度。

RAND 閱讀研究團體（RAND Reading Study Group, 2002）及美國國家閱讀專題討論小組（National Reading Panel）的報告（NICHD, 2000）都依據研究，提出有關理解力的成功學習法，考慮孩子需要學習哪些理解策略，以及應該如何教導這些策略。雖然這些報告中多數是討論關於幼兒園到三年級、或是年紀更大的孩子，但以下的發現對幼兒園的教育者也很重要。Pressley 及 Afflerbach（1995）指出，要幫助幼兒學習理解敘述性和說明性的文本，老師們需要：

- 為孩子朗讀前，先為他們提供一些背景資訊，好讓孩子對文本先具備一些知識。
- 要求孩子對故事可能會發生的情節加以預期及推測。
- 為孩子將閱讀材料從頭到尾朗讀出來。
- 重新檢視文本，澄清任何困難的部分。
- 當朗讀或聆聽到孩子須記憶或是可能對他們來說較為困難的資訊時，要放慢速度。
- 朗讀完之後，與孩子討論文本，這樣他們可以針對所朗讀的構想去思考及總結。

以下的策略提供孩子一些有助於理解的學習活動。

❖ 以直接聆聽─思考的活動發展理解力

當孩子朗讀或聆聽朗讀時，需要一個朗讀或聆聽的目的。**直接聆聽─思考的活動**（DLTA）及**直接朗讀─思考的活動**（DRTA）策略為朗讀及聆聽設立了一個目的，並幫助引導孩子的思考。老師若能經常示範這些策略，當孩子們朗讀或聆聽新閱讀材料時，便可以將之內化及應用（Morrow, 1984; Stauffer, 1980）。

由於本書是談幼兒園的教育，所以我們將焦點放在直接聆聽─思考的活動上。這個策略針對聆聽者去組織及擷取資訊，提供了一個架構。直接聆聽─思考的活動可以有許多不同的目標，然而它的架構始終如一：(1) 透過問題及討論為聆聽和朗讀做準備，(2) 朗讀時伴隨一些中斷，(3) 朗讀完後做討論。這三個步驟都聚焦在直接聆聽─思考的活動之特定目標上。一個直接聆聽─思考的活動可以聚焦在文字的反應（例如：事實及順序的回想），以及推理的反應（例如：詮釋角色的感覺、預測結果，以及連結故事與真實的生活經驗）。它可以針對敘述性及知識性的文本，聚焦在查明故事架構的要素上。研究證明，直接聆聽─思考的活動能增進年幼聆聽者對於故事的理解力（Morrow,

1984），就如同直接朗讀─思考的活動能增進年幼聆聽者對於故事的理解力一樣（Baumann, Seifert-Kessell, & Jones, 1992; Pearson, Roehler, Dole, & Duffy, 1992）。

以下將直接聆聽─思考的活動，運用於《薑餅人》（*The Gingerbread Man,* McCafferty, 2001）所發展出的兩種技巧：理解故事中事件的順序關聯，以及對於文本的預測。

1. 透過問題與討論，做好聆聽及朗讀的準備

在為孩子朗讀時，絕對有必要先透過如同以下介紹故事的方式，為他們建立一個背景知識：「今天我要讀一個《薑餅人》的故事，讓我們看這張圖，看看你能不能說出這是關於什麼的故事。」

當你將書本從開始翻到最後時，鼓勵孩子們有所回應。這個活動有時稱為**圖畫散步**（picture walk）（Fountas & Pinnell, 1996）。等孩子提出他們的想法後，你可以說：「這個故事是有關一個從烤箱逃走的小薑餅人，全鎮的人都試著去追他，因為他們都想吃這個美味的餅乾。當我朗讀時，你們可以試著想像這個薑餅人在故事的最後會怎麼樣，以及你為什麼這樣想。我在朗讀的時候，試著記住這個故事一開始、接下來、之後及最後所發生的事。」

問問題能建立額外的背景知識，並且為聆聽設下一個目的。盡可能將問題與真實的生活經驗連結：「你有沒有曾經試著去追一個朋友，但是他們跑掉了？當他們跑走時，你要如何抓住他？你可以不去追他們，然後抓到他們嗎？你必須動作很快才能抓住他嗎？」

一旦孩子們熟悉了這種問問題的技巧，你可以要求他們去思考自己的問題：「現在我已經告訴你故事的一小部分，當我再次朗讀時，你想發現什麼？」

2. 朗讀故事時，中斷幾次

當你朗讀時，將圖畫確實展現給孩子看。朗讀時只為回應、評論，或問題

停下一或兩次，不要為了許多的討論中斷故事，因為討論應該是在故事朗讀完後進行的。提醒孩子去研究圖畫。為孩子示範或架構問題的回應，以引導他們的思考，牢記這次特定的直接聆聽—思考活動的目標。針對《薑餅人》所討論的一些問題，可能包括了像是：「你記得為什麼薑餅人要逃跑嗎？誰想要抓住他？」

如果孩子沒有反應，透過將問題改變成陳述句去示範回應：「薑餅人跑得非常快，因為每個人都想吃他。我記得牛什麼時候想要去吃他。」也可以要孩子去預測接下來會發生什麼。

3. 朗讀完後討論

朗讀後的討論可以是以聆聽故事為目標或目的的導向所設的，例如：「薑餅人一開始發生了什麼事？然後呢？」

要求孩子重新說出這個故事，以表現他們對於故事順序的理解。讓孩子們利用書中的圖畫，以幫助他們回憶故事的順序。最後，將焦點放在第二目標——預測上，並且問：「如果薑餅人沒有被狐狸吃掉，你認為他接下來會去哪裡？你覺得狐狸和薑餅人能夠成為朋友嗎？為什麼可以（或為什麼不可以）？當所有人知道薑餅人被吃掉時，你想會發生什麼事？」

❖ 以分享閱讀發展理解力

分享閱讀雖然經常安排在小組時間中進行，但也經常在全班團體時間進行（Holdaway, 1979）。在這個活動中，老師為孩子示範流暢的朗讀，並且幫助他們發展聆聽的技巧。

分享書籍提升了孩子們的背景知識，發展了他們對故事結構的敏感度，並且讓他們熟悉書籍的語言（Cullinan, 1992; Morrow, 1985）。書籍的語言與口頭的語言不同，並且為說話提供了一個模範。以下出自兩本著名繪本的句子可以為證：

- 「他的鱗片充滿了藍色、綠色及紫色，並且有閃閃發出銀光的鱗片圍繞著他們。」〔Pfister 於 1992 年繪著的《彩虹魚》（*The Rainbow Fish*，中文版由青林出版）〕

- 「我是一個來自深暗洞穴的巨人，我的肚子越來越餓；我需要吃東西──羊是很好的大餐──所以我要把你當晚餐吃掉。」〔Asbjornsen 及 Moe 於 1991 年所著的《三隻山羊嘎啦嘎啦》（*The Three Billy Goats Gruff*，中文版由遠流出版）〕

♥《彩虹魚》
文圖／馬克斯・菲斯特
譯／鄭明進
出版／青林國際出版股份有限公司

♥《三隻山羊嘎啦嘎啦》
圖／瑪夏・布朗
譯／林真美
出版／遠流出版事業股份有限公司

　　分享閱讀的朗讀活動經常會閱讀一本大書。老師朗讀時為了強調所念的文字與所寫的文字一致，通常會使用教學棒，並且示範如何跟讀印刷的文字。如果一本書對全班來說是新的，那麼第一次朗讀時，孩子們應該要先聆聽；如果

全班都很熟悉一本書了,則應該鼓勵他們參與朗讀。

孩子們在分享閱讀活動中的參與可能包括了唱誦故事的疊句、朗讀關鍵字,或是在可預期的部分停住,並填入文字和片語。有個受歡迎的技巧是「回音朗讀」——就是老師朗讀一行,然後學生重複朗讀一次。當第一次朗讀完後,應該提供大書及一般尺寸的版本,讓孩子可以獨立地去探索。

可以將分享書籍的朗讀錄起來,放在讀寫中心的一區供孩子聆聽,這提供了孩子一個流利朗讀的熟悉模式。當他們隨著錄音「小聲地讀」時,可以模仿老師的措辭及語調。分享閱讀的經驗也可以利用直接聆聽—思考的活動型態來進行。

使用可預測的文本／故事

可預測的故事很適合用來經驗分享閱讀,因為這些故事邀請孩子去猜測接下來會發生什麼。可預測性採用了許多的形式:口號的使用,例如由 Hoberman(2007)所著的《房子是我的家》(*A House Is a House for Me*)中的「房子是我的家」,鼓勵孩子們跟著朗讀;可預測的韻文,例如由 Brown(2005)所著的《月亮晚安》(*Goodnight Moon*,中文版由上誼文化出版),讓孩子們容易填字。

堆疊的文字模式有助於可預測性。新事件連續地插入及堆疊,然後被重述,就像是由 Eastman(2005)所著的《妳是我的媽媽嗎?》(*Are You My Mother?*)這本書一樣。在書中,主角小鳥透過接近不同的動物,並且問相同的問題「妳是我的媽媽嗎?」找尋媽媽時,重複了片語及插入的句型模式。

♥ 《月亮晚安》
　　文／瑪格麗特・懷茲・布朗
　　圖／克雷門・赫德
　　譯／黃迺毓
　　出版／上誼文化實業股份有限公司

可以尋找一些強調熟悉順序的書籍，例如一週的星期、一年的月份、字母及數字，像是由 Carle（1994）所著的《好餓的毛毛蟲》（*The Very Hungry Caterpillar*，中文版由信誼出版）。對話也有助於可預測性，像是由 Asbjornsen 及 Moe（1991）所著的《三隻山羊嘎啦嘎啦》，或是由 Galdone（1984）所著的《三隻小豬》。

可預測的書對於剛開始試著練習**啟蒙讀寫能力**的幼兒以及傳統的讀者來說，都非常適合。它們讓孩子的第一次閱讀經驗只需最小的努力，就能感受到喜悅及成功，這樣立即性的成功鼓勵了孩子持續閱讀。

重複的朗讀

當一個故事被重複朗讀後，會變得令人熟悉及自在，就像是在唱一首耳熟能詳的歌曲。重複的故事書朗讀除了提供孩子熟悉的愉快感，也幫助他們發展有關文字、印刷及書籍的概念。在一個對象為四歲孩子的研究中（Morrow, 1987），一個團體針對一個相同的故事聽了三次重複的朗讀，而另一個團體聆聽了三個不同的故事。當朗讀完這些故事後所做的討論分析裡，研究者發現在研究過程中，聆聽重複朗讀相同故事的團體比起每次聆聽朗讀不同故事的團體，對於數字、多樣性及複雜性的反應發展得較好。在重複朗讀團體中的孩子，反應變得較具解說性，他們會開始去預測結果，做出關聯性、判斷及闡述性的評論。此外，當老師朗讀時，孩子也開始去敘述故事，並且聚焦在印刷文字的元素上，詢問字母和文字的名字。就算是低能力的孩子，似乎對於重複的朗讀比起單一的朗讀有較多的反應（Morrow, 1987; Pressley & Hilden, 2002）。

重複的朗讀促進了獨立的朗讀能力，孩子能在沒有成人的協助下，自在地重溫熟悉的書籍。能夠獨立地閱讀或是表現出假裝閱讀行為的孩子，通常會選擇相同的書籍去看或是一再地朗讀。老師們可以在一個分享閱讀的環境中，為孩子重複朗讀故事，鼓勵孩子多讀幾次，並且將之前已經朗讀及討論過的書籍再做討論。

以下的例子是一位四歲孩子聆聽了第三次《小紅母雞》朗讀後的反應，特

別強調出孩子的評論和問題，以及老師的回應。大部分的故事文本我們在此
省略了。

老　師：今天我要朗讀一個叫作《小紅母雞》的故事。這是一個有關
　　　　一隻母雞在烤麵包時想獲得別人幫助的故事。〔老師開始朗
　　　　讀故事。〕「誰要幫助我割這麥子？」

美諾麗：貓說：「不是我。」狗說：「不是我。」老鼠說：「不是
　　　　我。」

老　師：美諾麗，很好。妳在朗讀。〔老師持續朗讀。〕「誰要拿這
　　　　些麥子去磨坊磨成麵粉？」

美諾麗：貓說：「不是我。」狗說：「不是我。」留鬍子的老鼠說：
　　　　「不是我。」

老　師：美諾麗，讀得很好。〔老師持續朗讀。〕

美諾麗：我想讀那一部分，但是我不知道怎麼讀。

老　師：試試看，我相信妳可以。我會幫妳：「那隻貓聞到了。」

美諾麗：〔假裝朗讀她從聆聽重複朗讀中所記得的部分。〕「那隻貓
　　　　聞到了，然後說『嗯，那個聞起來真香』，老鼠也聞了，而
　　　　且聞起來真香。」

老　師：〔持續朗讀。〕「誰想要吃這塊蛋糕？」

美諾麗：「小老鼠、小狗、小貓！」

老　師：美諾麗，妳又說對了。〔老師將故事朗讀到結尾。〕妳想說
　　　　說和這個故事有關的事嗎？

美諾麗：他很壞，所以他不能吃蛋糕。〔美諾麗搜尋了整本書。〕這
　　　　個部分不對。

老　師：給我看看妳說不對的地方。

美諾麗：在這裡，就在快要結尾的地方。她要做一個蛋糕，而且說：
　　　　「誰要為我烤這個蛋糕？」貓說：「不是我」，狗說：「不

是我」，老鼠說：「不是我」。然後當她烤蛋糕時，他們聞
到了香味，於是也想要一些，但是他們吃不到蛋糕，因為他
們沒有種麥子。

老　師：美諾麗，說得非常好。

（Morrow, 2005, pp. 171-172）

這種複雜的反應，只有當孩子對同一個故事重複聽過許多次之後才會發生。

身為成人的我們通常厭倦了一再重複，然而，在早期閱讀發展中，「重複」具有極高的價值。Sulzby（1985）觀察二到六歲的孩子嘗試朗讀喜愛的故事書的情形。雖然這些孩子在傳統定義上還不算是讀者，當他們被要求：「讀你的書給我聽。」Sulzby 發現這些孩子在「朗讀」中所使用的語言，在結構及語調方面，與他們在典型對話中的明顯不同，他們使用了故事中的字彙及語法。孩子們也在口頭「朗讀」中，顯示了不同的發展程度。

圖 12 是觀察孩子運用喜愛的故事書所表現出的啟蒙閱讀行為的分類大綱。使用這個檢核表，要求孩子去朗讀一個他（她）所熟悉的故事。幼兒園的孩子無法以符合傳統朗讀定義的方式進行朗讀，不過，從孩子試著朗讀故事書當中，卻可以觀察他們啟蒙閱讀行為的特性。

❖ 運用小團體及一對一的故事朗讀發展理解力

為小團體及個別孩子朗讀的重要性不容忽視。一對一及小團體朗讀在學校環境中，常被認為是不切實際，其實這能產生極大的效益，應該被納入幼兒園的課程中。

> ### 圖 12　孩子運用喜愛的故事書所表現的啟蒙閱讀行為
>
> 1. **運用圖畫但沒有組織口頭故事：**
>   孩子透過對書本的圖畫下註腳及下評語來「朗讀」，但是沒有跨頁地「編織一個故事」。
>   是 ＿＿＿　　　　否 ＿＿＿
>
> 2. **運用圖畫並組織口頭故事：**
>   孩子透過跨頁的跟著圖畫及「編織一個故事」來「朗讀」，並且使用說故事人的措辭及語調。不過，聆聽者必須看著圖畫才能了解孩子正在「朗讀」的故事。
>   是 ＿＿＿　　　　否 ＿＿＿
>
> 3. **運用圖畫、朗讀及說故事的融合：**
>   孩子透過看圖「朗讀」故事。孩子大部分的「朗讀」，在說故事人與讀者的聲調中變換。
>   是 ＿＿＿　　　　否 ＿＿＿
>
> 4. **運用圖畫，並且用書面語言的特性組織故事：**
>   孩子透過看圖「朗讀」故事。孩子說話的聲音，不論是措辭及聲調都像在朗讀。聆聽者幾乎不需要看圖畫就能了解故事。當聆聽者閉上眼睛會認為孩子在朗讀文本。「朗讀」的內容類似故事中的文字，而且有時類似是逐字朗讀。稍微照著書中的文字朗讀。
>   是 ＿＿＿　　　　否 ＿＿＿
>
> 5. **運用印刷文字：**
>   a) 孩子朗讀故事，大部分是遵循著書中文本，但偶爾會參考圖畫及還原成說故事的方式。
>   是 ＿＿＿　　　　否 ＿＿＿
>   b) 孩子以傳統閱讀的方式朗讀。
>   是 ＿＿＿　　　　否 ＿＿＿
>
> 資料來源：Sulzby (1985).

　　小團體及一對一的朗讀在幼兒園的教室中效果良好，因為幼兒園的孩子在人數較少的環境中，比較容易注意老師。一對一朗讀最大的好處之一是其所

帶來的互動。當成人發現孩子知道什麼及想學什麼時，孩子能從這種親密的互動中獲得大量的資訊。

一對一的朗讀對於在家中極少有書籍經驗的幼兒園孩子特別有益（Morrow, 1988）。當進行小團體或一對一朗讀時，很重要的是，老師可以透過要求孩子回應問題、討論書中的圖畫及唱誦重複的片語鼓勵孩子互動。

> 小團體及一對一的朗讀在幼兒園的教室中效果良好，因為幼兒園的孩子在人數較少的環境中，比較容易注意老師。

當老師經常為孩子朗讀，開始互動的討論後，孩子回應的數量及複雜度會增加。孩子們會提出許多聚焦於意義方面的問題和評語。最初，他們會為插圖下註腳；到後來他們會更注意細節。他們的評語及問題變得具解說性和預測性，並且與自己的經驗有關。他們也開始隨著老師講述、「朗讀」，或裝腔作勢地說故事。

當孩子頻繁地參與小團體或一對一的故事朗讀活動中，他們開始聚焦於故事的結構性元素，議論書名、背景、角色及故事的事件。在朗讀許多次後，孩子開始聚焦在文字上，將聲音與文字配對，並且會朗讀文字（Morrow, 1987）。孩子們在小團體中聽故事時，會傾向於有較多的回應；他們會複述彼此的評語，以及闡述他們同儕所說的。表 4 為老師在小團體及一對一的故事朗讀中的互動行為，提供了一個指導方針。圖 13 呈現了在一個小團體故事朗讀活動中的互動行為。

活躍又有成效的討論源自於好的問題，好的問題讓孩子去澄清資訊及預測結果。以下是問題類型的描述。

字面的問題讓孩子能：

- 定義細節，例如：誰、什麼、何時及哪裡。
- 分類概念。
- 排序文本。
- 發現主要的概念。

表 4　老師在小團體及一對一的故事朗讀中，互動行為的指導方針	
老師角色	具體的行為
管理	• 介紹故事。 • 提供有關故事的背景資訊。 • 將與故事不相關的討論重新訂定方向。
促使回應	• 朗讀整個故事時，當孩子們遇上自然的停頓點，會提出問題或評論。 • 如果孩子們沒有回應，為他們示範如何回應（例如：「那些動物不是很好，他們不願意幫忙小紅母雞。」）。 • 將回應與真實的生活經驗連結（例如：「當我準備一個派對時，我需要幫忙，而我的家人會分擔工作。你們有沒有試過找人幫忙，但被拒絕嗎？發生了什麼事？」）。 • 當孩子們沒有回應，問一些不只需要回答「對」或「錯」的問題（例如：「如果你是小紅母雞，而且沒有人幫忙你烤麵包，那你會怎麼辦？」）。
支持及告知	• 當被提問時，回答問題。 • 應答孩子的評語。 • 將你的回應與真實的生活經驗結合。 • 對孩子的回應，提供正向的增強。

資料來源：Morrow (1988).

推理及批判性的問題讓學生能：

- 從他們的背景知識中提取資訊。
- 將文本與生活經驗連結。
- 預測結果（你認為接下來會發生什麼事？）。
- 闡釋文本（將你自己放在角色們的立場思考）。
- 比較及對比。

圖 13　在小團體故事朗讀活動中的互動行為

（照片提供：普林斯頓幼兒園）

- 決定原因和結果。
- 應用資訊。
- 解決問題。

　　討論問題時要能反映出孩子們的興趣，且應該容許有許多適當的回應而不是只有一個正確答案。偶爾可以提出只有一個正確答案的問題，但是所提出的大部分問題應該能夠刺激討論，並邀請孩子們分享他們對於文本的想法和感覺。問題也應該包含一些有關事實、主要概念及故事細節。問問題時，讓孩子們參考插畫去回答可能的答案。一旦孩子們回答過問題，可以鼓勵他們提出有關聽過的故事的問題。

　　以下是在幼兒園小團體故事朗讀時的例子，顯現出當孩子全神貫注於朗讀經驗時，所提出的問題及所做的回應。這些例子顯示孩子從成人讀者處所獲得的豐富資訊，並且表現出孩子們已經知道什麼，以及他們的興趣是什麼，這對每個設計教學的人來說都是有用的資訊。

❈ 故事：《一個超級棒的朋友》（*A Splendid Friend Indeed,* Bloom, 2007）──孩子問有關書籍概念的問題。

瑪德琳：〔指著故事書封面的插畫〕為什麼這上面會有圖畫？

老　師：書的封面有一個圖畫，所以妳會知道這是什麼故事。看看這個圖，妳能說出這本書可能是關於什麼的故事嗎？

珍　妮：嗯，我想這是有關一隻毛茸茸的大熊和一隻鴨子的故事，而且他們喜歡對方，因為他們互相微笑。

老　師：妳說對了，非常好。這是一個有關一隻北極熊和一隻鴨子的故事，而且他們是好朋友。這本書的書名是《一個超級棒的朋友》。故事封面的圖和書裡面的圖畫能幫助妳了解文字在說什麼。

❈ 故事：《一個超級棒的朋友》（Bloom, 2007）──孩子問有關定義的問題。

老師：我要讀《一個超級棒的朋友》的故事。

珍妮：什麼是「超級棒的」？

老師：「超級棒的」意思是美好的、非常好的、了不起的。妳有一個超級棒的朋友嗎？

珍妮：黛文是我最好的朋友，我覺得她很了不起，我會告訴她。

❈ 故事：《妳是我的媽媽嗎？》（Eastman, 2005）──孩子運用書中的文字。

佐登：等等，先停下來。讓我再看一下這個。〔他看著書頁。〕上面寫說：「妳是我的媽媽嗎？」

老師：你對了。你還可以在別的地方發現它嗎？

佐登：我想可以。找到了，在這一頁。「妳是我的媽媽嗎？」還有在
　　　這裡也有：「妳是我的媽媽嗎？」

老師：很棒，你正在讀呢！

❋ 故事：《手套》（*The Mitten,* Tresselt, 1989）──孩子可以預測。

夏琳：我在想手套會不會裂開？

老師：為什麼妳這麼想？

夏琳：喔，因為這是小男孩的一隻手套，所以不是很大。所有的動物
　　　都要鑽進去，很快就會裝不下。

老師：夏琳，這些是很好的想法。我會繼續念，然後我們來看看妳說
　　　的對不對。

❋ 故事：《克納弗兔子》（*Knuffle Bunny,* Willems, 2004）──孩子
　　　將不同的文本連結。

詹姆斯：嘿，這本書很像瑪莉・包萍（Mary Poppins）的 DVD。

老　師：你是說哪裡很像呢？

詹姆斯：喔，你看，在《克納弗兔子》的背景中，有一些像真實的建
　　　　築物、公園及物品。有人用相機拍了這些真實的相片，而背
　　　　景前的圖畫是有人畫的卡通。在瑪莉・包萍的 DVD 中有真
　　　　人，但有時也有卡通人物和卡通的圖畫。

❋ 故事：《解救瑪德琳》（*Madeline's Rescue,* Bemelmans, 2000）──孩
　　　子將文本與真實生活的經驗相連結。

喬凡娜：警察要去做什麼？

老　師：他要去幫忙瑪德琳。警察很好，他們都會幫助我們。

喬凡娜：警察不好。你知道，我爸爸打了多明尼克，警察來把我爸爸

帶走關進監獄。我爸爸哭了，我也哭了。我不喜歡警察，我
不覺得他們很好。

這些例子顯示出孩子對於文本的了解。孩子的評語及問題與字面的意義有
關；他們透過將故事與他們自己的生活連結，提出解說及評論的問題，預測故
事中接下來將發生什麼事，或是對角色的行動表達意見。孩子們的反應也會受
到書中所呈現印刷體的影響，例如：字母、文字和聲音。

分析一對一及小團體的故事朗讀能顯示出孩子們知道什麼，以及他們對於
所聆聽的文本想知道些什麼（Morrow, 1987）。圖 14 的編碼表有助於這樣的
分析。編碼的格式是針對以評量為導向的教學所設計的，老師可以藉此了解孩
子知道什麼，然後在設計教學時，決定要做些什麼以遷就孩子們的需要。

雖然全班朗讀能實際且有效地讓孩子浸淫在文學活動中，但是無法促進在
一對一及小團體朗讀活動中所產生的成人與孩子的互動。如果我們檢閱在所有
這三個環境中朗讀故事的成績，會明顯發現幾件事。在全班大團體的故事時間
裡，孩子不被鼓勵問問題或評論，因為這樣做，對其他的小觀眾來說，會打斷
故事的流暢。在這種環境中，討論由老師所掌控，他們所談的經常比孩子所談
的多。因為團體的大小，真實的互動情形無法存在。然而，在小團體及一對一
的故事朗讀中，一位老師或許在一開始時會掌控並促發討論，但只是為了要鼓
勵孩子及示範回應的方式。經過短時間之後，角色就會互換，並且很快就會變
成由孩子開始大部分的對話（Morrow, 1987）。

在家中未經歷過一對一朗讀的孩子，比較不利於他們的讀寫發展。老師可
以透過在教室中為孩子個別地朗讀故事，彌補孩子們在家中所沒有得到的。孩
子透過經常的一對一朗讀，能夠獲得讀寫的技巧及對於書籍正面的態度；他們
學會將書本與熱情及愉快聯想在一起。在學校中，由於時間的限制和班級的大
小，很難提供一對一及小團體的朗讀，但是尋求助理教師、義工媽媽及較大孩
子的幫忙，可以緩解這個問題。

圖 14　將孩子在故事朗讀中的回應編碼

教學指引：為一位或一個小團體的孩子們朗讀，鼓勵孩子以問題及評語做回應。錄下整個流程。記錄或聆聽錄音，注意每個孩子的回應並在適當的分類欄中做記號。一個分類欄或許有一個以上的記號，而且一項回應或許會被歸類在不只一個分類欄中。合計每個分類欄中的記號數目。

孩子的名字：＿＿＿＿＿＿＿＿＿＿＿＿＿　　日期：＿＿＿＿＿＿

故事：＿＿＿＿＿＿＿＿＿＿＿＿＿＿＿＿＿＿＿＿＿＿＿＿＿＿＿＿＿

1. 聚焦在故事的結構：

　　＿＿ 識別環境（時間、地點）

　　＿＿ 識別角色

　　＿＿ 識別主題（遇到的問題或目標）

　　＿＿ 回憶情節（朝向解決問題或達成目標的事件）

　　＿＿ 識別解決方法

2. 聚焦在意義上：

　　＿＿ 將圖畫下註腳

　　＿＿ 識別細節

　　＿＿ 闡釋角色及事件（製造相關性及發展性）

　　＿＿ 預測事件

　　＿＿ 從個人的經驗中擷取

　　＿＿ 探求文字的定義

　　＿＿ 使用旁白的行為（與老師一起念誦書中的某部分）

3. 聚焦在文字上：

　　＿＿ 提出與字母有關的問題或評論

　　＿＿ 提出與聲音有關的問題或評論

　　＿＿ 提出與文字有關的問題或評論

　　＿＿ 讀文字

　　＿＿ 讀句子

4. 聚焦在插畫上：

　　＿＿ 提出與插畫有關的問題或評論

資料來源：Lesley Mandel Morrow, *Literacy Development in the Early Years: Helping Children Read and Write,* 6th Edition. Published by Allyn & Bacon, Boston, MA. Copyright © 2009 by Pearson Education. Reprinted by permission of the publisher.

以重述故事發展理解力

　　鼓勵孩子們將他們聽過或讀過的故事重新說出來，以幫助他們發展字彙、句法、理解力及對於故事的結構感（Ritchie et al., 2002）。重述故事時，允許孩子有自己獨創的想法，當他們將自己的生活經驗合併在其中時，是可以被接受的（Gambrell, Preiffer, & Wilson, 1985）。當孩子們練習重述故事時，他們消化了敘述或說明文本結構的概念。他們學習使用故事的開始、環境、主題、情節及結果來介紹故事。他們也學習透過聚焦在一個特殊的部分，例如：故事的結構、原因和結果，或是問題及解決方法，去重述一個敘述性的文本。在重述故事中，孩子表現出他們對於故事細節及順序的理解力，他們也詮釋出角色聲音的氣息和表情。在重述說明性的文本中，孩子們複習他們學到了什麼，並且從輔助的細節中分辨出主要的概念。

　　重述對孩子們來說不是一件容易的任務，但是經過練習，他們進步得很快。在孩子聆聽故事之前需要確實讓他們知道，接著會要求他們重述故事（Morrow, 1996）。進一步的指示說明端看重述故事的目的。舉例來說，如果目的是為了教導順序，那麼應該要孩子們去思考一開始發生了什麼，接下來及之後又發生了什麼。如果目的是教孩子們從文本中推理，則讓他們去想想個人與故事中所發生的類似經驗。可供說故事的法蘭絨故事板等道具或是書中的插畫，都能用來幫助孩子重述故事。閱讀文本之前與之後的討論，以及老師為孩子們示範如何重述故事，都能增進重述的能力。

　　重述也能讓成人用以評量孩子的進步。當評量故事重述時，不要提供一般問題，例如「接下來發生什麼？」或「你能想到什麼事嗎？」以外的提示。敘述文本的重述表現出孩子對於故事架構的感覺，大部分聚焦在對文字的回憶，但是也會反映出一個孩子的推理思考能力。透過評量孩子的重述去了解他們對於故事的結構感，首先需要將故事的事件分成四類——環境、主題、情節及結果。參考故事重述的指導方針（見表5），並且使用一個文本的大綱去記錄孩子在重述時，於每個類別中所包含的概念及細節的數目，不用在乎

它們的順序。當孩子們表現出部分的回憶或重述出一個事件的「要旨」時，要嘉獎他們（Pellegrini & Galda, 1982）。可以藉由比較孩子在重述故事中對於事件、環境、主題、情節及結果所安排的適當順序，來評量孩子的序列能力。分析不僅顯示孩子所包含或遺漏的成分，以及孩子序列的能力，也顯示了

表5　故事重述的指導方針	
老師的角色	例子
1. 要求學生重述故事。	• 「剛剛，我朗讀了故事（故事的名稱）。能不能請你為一個假設從未聽過這個故事的朋友再說一遍？」
2. 只有在需要時提供提示。	• 如果孩子對重述的開場有困難，可以建議他們以「很久以前……」或「從前有……」開始。 • 如果孩子在故事結束前停止重述，可以透過提問：「接下來呢？」或「然後發生了什麼？」鼓勵孩子繼續。 • 如果孩子停止重述，以及無法以普通的提示繼續，問一個與孩子重述故事的停頓點相關的問題，例如：「在這個故事中，珍妮遇到了什麼問題？」
3. 當一個孩子無法重述故事，或重述缺乏順序及細節時，須逐步給予提示。	• 「很久以前……」或「從前有……」 • 「故事內容說的是誰？」 • 「故事發生在何時？白天或晚上？夏天或冬天？」 • 「故事是在哪裡發生的？」 • 「故事中的主角遇到的問題是什麼？」 • 「他怎樣試著解決問題？他首先做什麼？然後做什麼？接下來做什麼？」 • 「問題是如何解決的？」 • 「故事的結局是什麼？」

資料來源：Morrow (1996).

教學或許可以聚焦在哪些地方。將孩子一年中幾次的重述故事做比較，可以呈現出孩子的進步。

概述一個故事，呈現其結構、角色及主題，可以製造一個架構來評量孩子的重述能力。圖 15 中《黑暗中的富蘭克林》（*Franklin in the Dark*, Bourgeois, 1987）的概要，是一個故事大綱的典型例子（Morrow, 1996）。

把孩子的重述逐字抄寫下來，可以提供老師分析所需的資料。以下是一個四歲大孩子重述《黑暗中的富蘭克林》的例子。

圖 15　《黑暗中的富蘭克林》大綱

背景：

(1) 從前有一隻名叫富蘭克林的烏龜。

(2) 角色：富蘭克林（主角）、富蘭克林的媽媽、一隻鳥、一隻鴨子、一隻獅子和一隻北極熊。

主題：

富蘭克林很怕進去他的殼裡，因為他的殼裡面很黑。

情節：

第一段情節：富蘭克林決定去尋求幫忙來解決他的問題。

第二段情節：富蘭克林遇見一隻鴨子並且請求幫忙。鴨子告訴富蘭克林，他戴著水翅膀，因為他怕水。

第三段情節：富蘭克林遇見一隻獅子，他戴了耳罩，因為他害怕自己的吼聲。

第四段情節：富蘭克林遇見一隻鳥，他用降落傘，因為他害怕飛行。

第五段情節：富蘭克林遇見一隻北極熊，他戴了一頂帽子、一雙手套及一條圍巾，因為他不喜歡寒冷。

第六段情節：富蘭克林和他的媽媽分享經驗。

結果：

(1) 富蘭克林和他的媽媽在他的殼裡放了一盞夜燈。

(2) 富蘭克林不再害怕進入自己的殼中。

老　師：今天我讀給你聽的故事書，書名是什麼？

飛利浦：我不知道。

老　師：《黑暗中的富蘭克林》。

飛利浦：《黑暗中的富蘭克林》。富蘭克林有一次不想進去他的殼裡
　　　　面，他太害怕了。他的媽媽說那裡面沒有東西，但是富蘭克
　　　　林不想進去，因為他覺得那裡有怪物。他不喜歡進去，因為
　　　　他很害怕，那裡很黑。最後他進去了，他打開小夜燈然後去
　　　　睡覺。講完了。

　　重述故事可以用來評量許多不同的理解任務。在重述故事前的指導及分析方法應該符合目標。圖 16 為評量重述提供了一個分析表，老師檢核孩子重述時所包含的要素，以確定他們在一段時間內的進步。

　　在飛利浦的重述中，他說出了主角的名字——富蘭克林及富蘭克林的媽媽。飛利浦重申問題、主角及主題。他明白故事的結果，而且他的重述有一個清楚的結局。飛利浦所說的故事部分具有順序，不過，飛利浦的重述並不是以一個介紹作為開始，而且沒有時間及地點的陳述。除了提到富蘭克林和他的媽媽外，飛利浦沒有談到任何其他的四個角色，也沒有記起故事中的任何情節。從這個評量中，顯然飛利浦能記得故事的主題、結果；未來的教學應該聚焦在記住故事的細節，例如：角色、情節，以及以一個介紹作為重述的開始。

　　為了說明孩子會隨著時間而進步，以下的例子是飛利浦在學年結束，同時也是他第一次重述《珍妮得到了教訓》（*Jenny Learns a Lesson*, Fujikawa, 1980）八個月後的表現（這個例子的第一部分是故事的大綱，而第二部分是學生的重述）。

圖 16　故事重述及重寫的分析

背景：

___ 用一個介紹作為故事的開始

___ 為主角取名

___ 列出其他角色

___ 包含有關時間及地點的陳述

主題：

___ 提到主角的主要目標或問題的解決

情節：

___ 回憶情節

___ 列出回憶的情節

結果：

___ 包括問題的解決或目標的達成

___ 包括一個故事的結局

順序：

___ 以序列的方式說故事

故事大綱

　　1. 從前有一個女孩喜歡玩扮演遊戲。

　　2. 角色：珍妮（主角）、尼可拉斯、山姆、美素及狗兒雪克斯。

主題

　　每次當珍妮和她的朋友一起玩時，她喜歡指使他們。

情節

　　第一段情節：珍妮決定扮演一位皇后。她找了朋友們來玩，朋友們來
　　　　　　　　了。珍妮告訴他們所有的人該做什麼，並且表現得很喜
　　　　　　　　歡指使人，朋友們變得很生氣而且離開了。

第二段情節：珍妮決定扮演一個舞者。她找了朋友們來玩，朋友們來了。珍妮告訴他們所有的人該做什麼，朋友們變得很生氣而且離開了。

第三段情節：珍妮決定扮演一名海盜。她找了朋友們來玩，朋友們來了。珍妮告訴他們所有的人該做什麼，朋友們變得很生氣而且離開了。

第四段情節：珍妮決定扮演一位公爵夫人。她找了朋友們來玩，朋友們來了。珍妮告訴他們所有的人該做什麼，朋友們變得很生氣而且離開了。

第五段情節：珍妮的朋友們拒絕和她一起玩，因為她太愛指使人。珍妮變得很寂寞，並且為了愛指使他人的行為向朋友道歉。

結果

1. 所有的朋友都玩在一起，每個人都做他（她）想做的事。
2. 他們都度過了美好的一天，而且累到睡著了。

學生的重述

從前有一個女孩名叫珍妮，她找了朋友們，玩皇宮和扮演皇后的遊戲。朋友們必須照著她所說的做，他們不喜歡這樣，所以他們都回家了，還說遊戲很無聊。扮演皇后和必須照她所說的做，一點都不好玩。所以他們七天都不和她玩，然後她有了一個想法，就是她太自私了。所以她去找她的朋友們，並且說：「我很對不起，我太沒禮貌了。」然後她說，讓我們來玩海盜遊戲，他們就扮演海盜，然後他們爬到繩子上。他們玩一個由珍妮扮演一位華麗女生的家家酒遊戲。他們喝茶、玩他們想要玩的遊戲，而且很快樂。故事結束。

比起飛利浦第一次的故事重述，在這次的重述中，包含了較多的角色、細節和情節，顯示他在理解技巧發展的進步。

❖ 用合作的策略發展理解力

當孩子們交換意見學習聆聽彼此時，合作的環境可讓孩子們進行具有效率的對話。

根據美國國家閱讀專題討論小組報告的建議，合作是一種發展理解力的重要策略（NICHD, 2000）。當孩子們交換意見學習聆聽彼此時，合作的環境可讓孩子們進行具有效率的對話。老師在孩子們與同儕參與合作的活動前，先示範應有的行為。

同伴朗讀

同伴朗讀（buddy reading）意謂著一個較高年級的孩子與一個較年幼的孩子配對一起朗讀。較高年級的孩子教導較年幼的孩子們如何朗讀。在學期間的特定時間裡，夥伴們聚在一起朗讀故事書及討論。

夥伴朗讀

夥伴朗讀（partner reading）意謂著與同儕一起朗讀。也許是單純坐在隔壁的同學，彼此分享相同的書籍，輪流討論圖畫或敘述文本。

♥一位孩子負責，兩位協助，一起為全班朗讀故事

（照片提供：普林斯頓幼兒園）

心智圖像及放聲思考

在心智圖像（mental imagery）的閱讀中，當孩子們聽過朗讀後，要他們想像看到了什麼。然後，讓他們進行**放聲思考**——與同儕談談有關自己的想像，並且預測故事的下一步將發生什麼。孩子們被鼓勵提出有關故事的問題，以及回頭看圖畫去回憶遺忘的細節。他們也被鼓勵透過將自己的經驗及行動與故事中的做連結，把文本個人化。想像構想，以及將這些視覺化的圖像，口語化地向同儕表達，將有助於小讀者們澄清資訊，增進理解（Gambrell & Koskinen, 2002）。

❖ 流暢性

閱讀教學的終極目標是讓學生成為能夠流暢朗讀的讀者。當孩子成為一位能夠流暢朗讀的讀者，便能自動及正確地將文本解碼，並且以適當的速度和表達力來朗讀，因而顯示出理解力（Kuhn & Stahl, 2003）。大部分幼兒園的孩子還無法以傳統的方式閱讀，更不用說能流暢地朗讀；然而，即使是作為聆聽者，他們也能夠參與流暢地朗讀的活動。這個活動應該是屬於幼兒園每日課程的一部分，而且是老師容易規劃、只需要花一點時間，並且讓孩子樂在其中的活動（Rasinski, 1990）。

在讀寫能力的教學中，對流暢性的技巧不夠重視。根據美國國家閱讀專題討論小組報告（NICHD, 2000），幫助孩子們成為能夠流暢朗讀的讀者，對讀寫能力的發展有絕對的必要性。其他一些研究者發現，透過回音朗讀、同聲朗讀及錄音協助朗讀，都能讓孩子沉浸在流暢地朗讀的節奏、速度及表達力中，這對於發展孩子流暢的朗讀能力來說，也是有用的策略（Kuhn & Stahl, 2003）。在幼兒園的課堂中，這些策略能夠輕易地應用成回音唱誦（echo chanting）、合唱唱誦（choral chanting）及錄音協助聆聽（audio recording-assisted listening）。

回音唱誦

在回音朗讀中，老師朗讀文本中的一行，然後學生朗讀相同的一行。在回音唱誦中，孩子們聆聽然後重複聽到的朗讀。為孩子朗讀時，須確定示範的精確性、速度及表達力。試著一週內運用幾次回音唱誦。

同聲唱誦

在同聲朗讀中，全班或一小群孩子一起念一段。老師示範朗讀時的速度及表達力。還未成為傳統讀者的幼兒園孩子們，可以如回音般地唱誦他們所學的詩。在同聲唱誦中，孩子們經歷了流暢朗讀所必須具備的速度及表達力。試著一週內運用數次同聲唱誦。

錄音協助聆聽

當一面看著書中的圖畫，一面聆聽錄音帶、音樂 CD，或 DVD 而流暢地朗讀時，為孩子提供了優良的朗讀示範。這些錄音可以用購買的，或是由老師、家長，以及其他能流暢閱讀的學生錄製而成。

 對於書籍的概念及理解力的評量

本章所描述的技巧是透過利用說明及敘述性的文本，以發展有關對於書籍的概念及故事的理解力。這些用來評量對於書籍的概念及文本的理解力的技巧，列在圖 17 中，可以檢視學生的進步情形。為判斷孩子們對書籍的了解程度，可以觀察他們如何對待書籍。進行與孩子一對一的訪談，鼓勵大團體、小團體，或個別的討論。孩子們的故事理解力可以透過他們重述故事、企圖朗讀所喜愛的故事書、角色扮演、預測圖畫的順序、使用戲偶或法蘭絨故事板去重演故事，以及他們在故事書朗讀時間裡所提出的問題和評語來呈現及評量。如果可能的話，保留定期錄製活動表現的樣本，例如：重述故事的錄音或錄影記錄。

　　這整章中，提供了評量孩子的能力及需要的評量工具。這些材料可以放在孩子的檔案或學生資料夾中，用來評量他們對書籍的概念、文本的理解力及流利唱誦的能力。可以在九月開學時以評量測出孩子所需要的資訊，然後在學年中再重複評量幾次。

職前及在職老師的專業發展

　　這章中有許多幫助孩子理解的策略。在教學研討會上，讓不同的老師各自選擇一個不同的策略，像是以下其中之一：

- 進行一個故事重述。
- 創造一個直接聆聽—思考的活動。
- 創造一個分享閱讀的課程。
- 將相同的故事重複朗讀。
- 為一些小團體的孩子們朗讀，看看討論對他們所產生的影響。
- 讓孩子參與在由老師提出的問題討論中，並且在老師提問後，幫助他們想想及建立自己的問題。

　　反思孩子們如何回應及改善他們的理解力。每一位老師最後都要嘗試過所有的策略，並且決定他們最喜歡哪一個，或是什麼策略對哪一個孩子最好。

　　此外，如果同一棟教室有其他的教學前輩，你或許會想看到策略是如何付諸實行的。當你將策略施行到孩子身上前，先觀察別人怎樣使用策略，會有很大的幫助。

　　教你的孩子重述一個故事，首先使用一本書或道具，然後不使用。利用這一章中的提示幫助孩子重述故事。讓孩子在一年裡的三個不同時間，重述同一個故事。在每一次重述時，填寫故事重述表格，並且觀察他們有哪些進步、長處及需要指導的弱點。

圖 17　評量對書籍的概念及文本的理解力		
學生姓名：＿＿＿＿＿＿＿＿＿＿＿　　　　　日期：＿＿＿＿＿＿＿＿		
	是	否
書籍的概念：		
知道書籍是用來朗讀的		
能夠確認書籍的前面、背面、上面及下面		
能適當地翻頁		
知道印刷文字與圖畫的不同		
知道頁面上的圖畫與文字所說的相關		
知道從哪裡開始讀		
知道書名是什麼		
知道作者是什麼		
知道繪圖者是什麼		
對文本的理解力：		
「朗讀」故事書形成了完整的故事		
當老師朗讀時，透過敘述參與故事		
重述故事		
在故事重述中包含了故事架構的要素		
背景		
主題		
情節		
結果		
認識說明性文本的特徵及架構		
目錄		
標題		
圖表		

圖 17　評量對書籍的概念及文本的理解力（續）	是	否
認識說明性文本的結構		
描述		
比較及對比		
原因及影響		
問題及解答		
範例		
聆聽字面的評語或問題後，回應文本		
聆聽解說的評語或問題後，回應文本		
在以下期間參與及回應		
同伴朗讀		
夥伴朗讀		
心智圖像		
放聲思考		
參與在流暢地朗讀的活動中		
回音唱誦		
同聲唱誦		
錄音協助聆聽		
評語：		

資料來源：Lesley Mandel Morrow, *Literacy Development in the Early Years: Helping Children Read and Write,* 6th Edition. Published by Allyn & Bacon, Boston, MA. Copyright © 2009 by Pearson Education. Reprinted by permission of the publisher.

Chapter ④

在幼兒園課程中
運用兒童文學

　　許多幼兒園的教室遵循一種全日整合的學校生活，所有學科領域的內容技巧都在某個研究主題的背景中一併教導。在這種跨學科的方法中，研究的主題取決於孩子的興趣和經驗。學習經驗是社會互動及過程導向的，給予孩子時間去探索及實驗不同的材料。舉例來說，如果一個班級正在進行恐龍的研究，孩子們會談論、閱讀及寫寫關於恐龍，或做有關恐龍的計畫，並且唱有關恐龍的歌曲。這種方法讓孩子們學習到與恐龍相關的事物，並且發展出其他學科領域的技巧，例如：科學、社會及數學。在這種整合的學校生活中，兒童文學及讀寫活動扮演了一種重要的角色，並且提供了一個豐富的資訊、概念及經驗來源（Pappas, Kiefer, & Levstik, 1995）。

　　幼兒園的孩子應該處在一個每日以文學活動為基礎的學習環境中。文學活動需要被示範，以喚起孩子的興趣。表 6 提供了建議的活動檢核表。

> 幼兒園的孩子應該處在一個每日以文學活動為基礎的學習環境中。文學活動需要被示範，以喚起孩子的興趣。

幼兒園學習主題中的文學、讀寫及遊戲

　　讀寫能力的發展仰賴孩子與成人及同儕的積極合作，它建立在孩子的已知上，並且在別人的支持和引導中茁壯。遊戲為這些要素提供了有意義及功能性

的背景。遊戲是社會、情緒、生理及智力發展必不可缺的要素，它們提升了孩子的語言，以及一些參與的活動（Morrow, 1990; Neuman & Roskos, 1990）。當孩子們遊戲時，他們將讀寫的功能性用途融入他們的遊戲主題中。當孩子們進行嘗試性與傳統的閱讀及寫作時，會與他們的同儕合作。

表 6　幼兒園的文學活動	
頻率	活動
每天	1. 為孩子朗讀或說敘述性及說明性的故事。 2. 鼓勵孩子參與故事書朗讀。 3. 討論書籍。討論的主題應該包含了字面的部分（例如：故事的順序與細節），以及解說的部分（例如：觀點和感覺）。 4. 將討論與孩子的生活經驗連結。 5. 讓孩子從班級圖書館借書。 6. 特別強調在書中所發現的有趣文字。 7. 讓孩子們將圖書角保持整齊、井然有序。
每週	1. 讓各種不同身分的成人（校長或董事、管理員、學校護士、祕書、家長及祖父母）為班上孩子朗讀。 2. 討論作者及繪者。 3. 寫信給作者。 4. 讓年紀較大的孩子為較年幼的孩子朗讀。 5. 讓兩個孩子配對朗讀。 6. 播放錄音帶及故事書的改編版錄影帶。 7. 在跨學科領域的課程學習內容中使用兒童文學。 8. 用藝術來回應書籍（例如：畫一幅故事的壁畫，模仿學習一位特定繪者的藝術技巧）。 9. 用一種創意的說故事技巧去說故事。 10. 讓孩子使用道具或不用道具來說故事。 11. 讓孩子演出故事。

表 6　幼兒園的文學活動（續）	
每週	12. 準備與故事有關的食譜〔例如：在讀完由 Tomie dePaola 所著的《巫婆奶奶》（*Strega Nona: An Old Tale*，中文版由上誼文化出版）後，製作義大利麵〕。
	13. 朗讀電視曾播放的故事。
	14. 製作班刊及個別的書籍，將其裝訂並收藏在圖書角中。
	15. 唱歌及朗讀相關的故事書〔例如：由 Nadine Bernard Westcott 所著的《我認識一位吞了一隻蒼蠅的老太太》（*I Know an Old Lady Who Swallowed a Fly*）〕。
	16. 製作一個與書籍相關的布告欄。
	17. 討論照顧及處理書籍的適當方法。
	18. 朗讀、背誦及寫詩。
	19. 一星期中，提供孩子一些時間去選擇他們自己想看的書並獨立閱讀。
	20. 重讀喜愛的故事書。
每月	1. 每個月放二十本新書在圖書角中循環使用。
	2. 介紹新書，為圖書角增添藏書。
	3. 將新書以封面朝上的方式陳列在書架上。
一年幾次（如果可行的話）	1. 給孩子書籤。
	2. 給每個孩子一本書作為禮物。
	3. 舉行書本慶祝日（例如：打扮成書中的角色、說故事給彼此聽、播放錄影帶）。

　　將文學及讀寫活動融入遊戲的課程中很重要。當促進讀寫學習的活動很豐富時，戲劇扮演區會充滿了與主題相關的材料，以提升和延伸正在學習的單元。閱讀及寫作的材料可用來支持遊戲的主題；當孩子們遊戲時，他們閱讀、寫作、說話及彼此聆聽，以功能性的方式運用讀寫能力。

　　我們很難將兒童文學的使用與遊戲活動隔離。因此，我們會以全方位的方式討論讀寫能力及遊戲，特別強調兒童文學。以下以一個幼兒園教室中的例

子，呈現出讀寫發展的合作及互動本質（以下短文的討論，請參考圖 18，教室中動物診所的照片）。

　　凱西老師在她幼兒園的教室中，設計了一個獸醫診所的戲劇扮演中心，以豐富寵物研究的單元。教室的獸醫診所包含了一個候診間、椅子、擺滿雜誌的桌子、兒童文學、有關寵物照顧的小冊子、寵物的海報、看診時間告示牌、「禁止吸菸」標誌，以及一個指引訪客「抵達時向護士報到」的標誌。護士的桌子上放置了病人的表格（在夾板上）、一支電話、一本地址與電話本、約診卡、日曆，以及一台有約診記錄和病人記錄的電腦。檢查區放置了病人的病歷、開立診斷書的墊板、白色外套、口罩、手套、棉籤、一套扮演醫生的玩具，以及一些充當病人的動物填充玩偶。

　　凱西老師透過提醒孩子們在候診間閱讀，填寫診斷書或約診時間的表格，填寫有關動物的情形及治療的表格，去指導孩子們在診所中使用不同的材料。凱西老師除了給予孩子方向，當一面在遊戲中介紹新材料時，她也透過與孩子們的遊戲來示範行為。舉例來說，當凱西老師等醫生為她的動物病人玩偶看病時，會先為她的小狗讀故事書，然後自己閱讀雜誌。

　　在這個環境中觀察了幾位孩子的讀寫行為。舉例來說，潔西卡在等著看醫生時，她告訴她的填充玩偶「山姆」狗狗不要擔心，醫生不會傷害牠。她問帶著填充玩偶「瑪芬」貓咪一起候診的珍妮：「這隻小貓怎麼了？」女孩們為她們寵物的疾病煩惱。過了一會兒，她們停止聊天，潔西卡從桌上拿起一本書，並且假裝為山姆朗讀由 Yolen 及 Teague（2005）所著的《恐龍怎麼吃東西？》（*How Do Dinosaurs Eat Their Food?*）。潔西卡一面朗讀，一面將插圖展示給山姆看。

圖 18　教室中的動物診所

　　傑尼跑進醫生的診間，喊著：「我的狗被一輛車輾過去了！」醫生為那隻狗的腿包紮繃帶；然後這兩個孩子決定必須將這場意外向警察報告。他們打電話給警察之前，拿出電話簿翻到一張地圖，找出狗被撞到的地點。然後，他們用玩具電話打電話給警察報告意外事件。

　　喬納檢查普雷斯頓的泰迪熊，並且在病人的病歷上寫了一份報告。他大聲地將他塗鴉的寫作朗讀出來，並且說：「這隻泰迪熊的血壓是 29。牠每小時應該吃六十二顆藥丸直到牠感覺比較好，要保持溫暖，並且上床睡覺。」當他朗讀時，他將所寫的展示給普雷斯頓看，所以他知道該如何做。他要護士將這些記錄輸入電腦。

　　在這個場景中，我們看見了一個提供孩子書本去閱讀，以及提供一些材料鼓勵他們寫作的環境。當孩子遊戲時，他們會一起玩並從事讀寫的行為。

❖ 讀寫豐富的遊戲環境

設計一個與學習的主題相配合的戲劇遊戲區，讓內容對孩子更有意義。每當你開始學習一個新主題時，便調整一下戲劇遊戲區，確實地引導及示範材料的使用。在遊戲區中記錄讀寫的行為會很有用處（Neuman & Roskos, 1993）。這些記錄可讓我們知道孩子們在做什麼，以及哪一個遊戲環境刺激讀寫行為。老師應該針對孩子在遊戲環境中的讀寫行為，每個月做一次評量。

幾乎任何的學習主題都可以在一個讀寫豐富的遊戲區獲得提升。以下針對幾個遊戲區，建議了一些與主題相關的讀寫材料。

郵局：

包括鞋盒、當作郵票的貼紙、信封、紙、鉛筆、用來分類不同類型信件的籃子、一張用來顯示信件將旅行到哪裡的地圖，以及與主題相關的資源書籍。

動物園：

提供塑膠或填充動物玩偶、有關動物的雜誌及書、幫動物蓋籠子的積木，或充當動物食物之各種形狀的鈕子或泡棉玩具。

醫生辦公室：

包括一部電話、桌子、開立診斷書的墊板、紙、鉛筆、娃娃、繃帶、人體的海報、有關營養及健康的書籍、枕頭和床，以及白色的醫生袍。

超級市場：

供應玩具食物、麥片及義大利麵的空盒、牛奶空盒、購物籃、紙袋或塑膠購物袋、收銀機，以及玩具紙鈔和銅板。孩子可以輪流當購物者及收銀員。給孩子們一份雜物清單去購物以鼓勵識字。

幼兒園學習主題中的文學、讀寫及藝術

　　藝術經驗讓孩子們用有趣的材料去探索及實驗，例如：手指畫及水彩；色鉛筆、麥克筆及蠟筆；勞作紙、棉紙、銀箔及透明包裝紙；漿糊、剪刀、黏土或培樂多黏土。在一個主題中連結藝術及讀寫活動，老師可以教導孩子們去創作與主題相關的圖畫。例如，讀完 Saunders-Smith 所著的《秋天》（*Autumn*, 1998）後，全班可以討論秋天的水果及顏色，然後使用像是：黃色、橘色、綠色、棕色及紅色等顏色作畫。有的孩子可以畫具象的圖畫，有的可以畫塗鴉畫，所有的繪畫方式都可被接受。最後，可以將所有的畫裝訂成一本秋天的書籍。

　　討論童書的繪者及插畫的風格，這對幼兒來說是將藝術與文學做連結一種很自然的方式。舉例來說：《喀哩，喀啦，哞，會打字的牛》（*Giggle, Giggle, Quack and Click, Clack, Moo, Cows That Type*，2000，中文版由格林文

♥孩子參考所喜愛的圖畫書進行創作

（照片提供：普林斯頓幼兒園）

 《田鼠阿佛》

文圖／李歐·李奧尼
譯／孫晴峰
出版／上誼文化實業股份有限公司

化出版）的繪著者 Betsy Lewin，使用了各種不同的畫筆去描繪角色及情緒。《田鼠阿佛》（*Frederick*，1991，中文版由上誼文化出版）的繪著者 Leo Lionni，創造了一些使用蠟筆表現的藝術圖像。《好餓的毛毛蟲》及《好忙的蜘蛛》（*The Very Busy Spider*，1989， 中 文 版由上誼文化出版）的繪著者 Eric Carle，大部分的作品都是與動物及昆蟲有關。他使用明亮的色彩，而且他的作品具有獨特及大膽的藝術風格。

幼兒們能夠學習去分辨著名繪者的一些技巧，並且說出他們有哪些相似或不同。他們能夠選擇這些繪者所使用過的材料去繪製他們自己的圖畫。

幼兒園學習主題中的文學、讀寫及音樂

音樂可以說為讀寫能力的發展提供了充分的機會。歌曲為孩子們介紹新的文字及文字的模式，延伸了孩子們的字彙，並且建立了他們的**語音意識**。當老師將歌曲寫在圖表上，並且指出文字做跨頁追蹤時，孩子們學到了重要的印刷字概念。

以正在學習的主題為基礎的歌曲是幼兒園課程的基本要素。此外，書籍以歌曲為基礎，對任何班級的圖書館來說，都是很好的額外資源。舉例來說，當學習農場的主題時，針對其特徵來選擇像是由 Cabrera 所著的《老麥當勞先

生有個農場》（*Old McDonald Had a Farm*, 2008）以及由 Quackenbush 所著的
《告訴羅蒂阿姨》（*Go Tell Aunt Rhody*, 1973），可以與孩子一起朗讀文字並
唱歌。許多假期的歌曲都被改編成書籍，例如：Child 所著的《跨越河流及穿
過樹林》（*Over the River and Through the Wood*, 1999）及 Van Rynbach 所著的
《五個小南瓜》（*Five Little Pumpkins*, 2004）是兩個很受歡迎的例子。聽音樂
能夠啟發孩子對於主題形成一種心智的圖像。基於此，音樂對於產生描述性的
語言來說，是一種豐富的資源。當孩子聆聽音樂時，要求孩子們閉上眼睛，並
且思考他們正在學習的主題。要求他們描述腦海中出現的圖像。

幼兒園學習主題中的文學、讀寫、科學及社會研究

科學及社會研究可能是為讀寫發展提供最大機會的兩個學科領域，因為在這些學科領域的主題，對閱讀及寫作通常會產生一種熱情和目的。舉例來說，一個有關農場的單元，透過有關農場的工作、不同類型的農場及農場動物的討論，能夠促進口頭語言的發展。孩子們會激盪出農場動物、農作物及工作的文字清單。農場景象的照片、一趟農場之旅，或是一位農人到校的拜訪，都能產生討論、閱

> 科學及社會研究可能是為讀寫發展提供最大機會的兩個學科領域，因為在這些學科領域的主題，對閱讀及寫作通常會產生一種熱情和目的。

讀及寫作的活動。老師透過對全班孩子朗讀有關農場的故事書，能夠鼓勵孩子們對書本產生正面的態度，提升孩子的字彙，以及分享有關農業的資訊。
Gibbons 所著的《製作牛奶的人》（*The Milk Makers*, 1987）、Hutchins 所著
的《穀倉舞！》（*Barn Dance!*, 2007），以及 Mayer 所著的《我的農場之旅》（*My
Trip to the Farm*, 2002），都是一些與鄉村生活連結的經典童書。Brown 所著
的《大紅穀倉》（*Big Red Barn*, 1989）以韻文及插圖介紹住在農場裡的不同
動物。孩子們喜愛自己挑選書籍，與朋友們分享，以及重述並做角色扮演。一
趟農場的旅行可以用故事的方式重述，或是畫出來，然後將其集結成班刊。

　　科學實驗及食物的準備為討論及提升字彙，提供了其他機會。不論主題是天氣或植物，提供知識性以及敘述性的叢書，都能提升孩子們的知識。圖19呈現兩個孩子在身體的主題單元中，閱讀有關身體結構的大書。

圖 19　孩子閱讀有關身體結構的大書

（照片提供：紐約蒙特梭利學校）

幼兒園學習主題中的文學、讀寫及數學

數學與讀寫並非不相容,與數學有關的故事書能為幼兒介紹算術的概念,延伸他們的數學字彙。以下是一些適合幼兒園班級的優良數學故事書:

- Bang, M.(1991)。《十、九、八》(*Ten, Nine, Eight*)。New York: HarperCollins。
- Ehlert, L.(1992)。《魚眼睛》(*Fish Eyes*)。San Diego, CA: Harcourt。
- Grossman, B.(1998)。《我的妹妹吃了一隻野兔》(*My Little Sister Ate One Hare*)。New York: Random House。
- Roth, C.(2002)。《十隻骯髒豬,十隻乾淨豬》(*Ten Dirty Pigs, Ten Clean Pigs*)。New York: North-South。

孩子們因為對內容感興趣,而要求獲得理解知識所需的技巧(Manning, Manning, & Long, 1994; Walmsley, 1994)。舉例來說,蘇珊的幼稚園班上的孩子,曾在交通工具主題的討論中,要求的資源比蘇珊在幾個學習中心裡已準備好的還要多。交通工具的書籍引導出孩子們要求閱讀太空旅行的書,以及各地的不同地圖。提供孩子們有趣的經驗,讓他們渴望學習更多。

 ## 進行一個主題單元

主題可以由老師及孩子們自行選擇。給學生們選擇,關心他們想學什麼很重要。當選出主題後,邀請孩子們腦力激盪,看看他們想要知道些什麼(Rand, 1994)。為了更了解文學在主題單元中的角色,細想以下在幼兒園進行「世界上的動物」單元的例子。雖然這個單元包含了所有學科領域的活動,但在這裡,我們只探討包含了兒童文學的活動。

❖ 主題單元的準備

　　開始進行有關世界上的動物的主題，將教室布置好，讓進入你教室的人清楚感受到主題。將有關主題的新材料加到教室裡的所有區域中，包含讀寫中心。舉例來說，在寫作中心裡，你可以加添動物形狀的空白書籍，以及可以分享晨間訊息的訊息板。在圖書角，你可以增添有關動物的故事書及知識性文本，以及有關動物棲息地的小冊子和雜誌。表 7 列出了幾本與動物相關的圖畫書，附錄 A 則提供了一些額外的建議。

表 7　世界上的動物：針對圖書角建議的圖畫書
☐ Aliki（1999）。《我去動物園》（*My Visit to the Zoo*）。New York: HarperCollins。
☐ Andreae, G., & Parker-Rees, G.（2001）。《長頸鹿不會跳舞》（*Giraffes Can't Dance*）。London, England: Orchard。
☐ Bancroft, H.（1997）。《動物過冬》（*Animals in Winter*）。New York: HarperCollins。
☐ Beall, P. C., & Nipp, S. H.（2006）。《英語歌謠：動物、動物、動物》（*Wee Sing, Animals, Animals, Animals*）。New York: Price Stern Sloan。
☐ Campbell, R.（2007）。《親愛的動物園》（*Dear Zoo: A Lift-the-flap Book*，中文版由上誼文化出版）。New York: Simon & Schuster。
☐ Carle, E.（1998）。《123 到動物園》（*1, 2, 3 to the Zoo: A Counting Book*，中文版由上誼文化出版）。New York: Putnam。
☐ Chanko, P.（1998）。《動物寶寶學習》（*Baby Animals Learn*）。New York: Scholastic。
☐ Chessen, B., & Chanko, P.（1998）。《動物之家》（*Animal Homes*）。New York: Scholastic。
☐ Jenkins, S.（2006）。《瀕臨絕種：世界上最少的動物》（*Almost Gone: The World's Rarest Animals*，閱讀與發現系列）。New York: HarperCollins。
☐ Keats, E. J.（1974）。《寵物秀》（*Pet Show*）。New York: Aladdin。
☐ Lauber, P., & Keller, H.（1995）。《誰吃了什麼？食物鏈及食物網站》（*Who Eats What? Food Chains and Food Webs*）。New York: HarperCollins。

表 7　世界上的動物：針對圖書角建議的圖畫書（續）

☐ Mora, P., & Cushman, D.（2006）。《馬林巴：從 A 到 Z 的動物》（*Marimba! Animals from A to Z*）。New York: Houghton Mifflin。

☐ Rabe, T.（2007）。《我的，喔我的一隻蝴蝶！關於蝴蝶的一切》（*My, Oh My-A Butterfly! All about Butterflies*，戴帽子的貓學習圖書館系列）。New York: Random House。

☐ Relf, P., & Stevenson, N.（1995）。《魔法校車跳回家：有關動物棲息地的書》（*The Magic School Bus Hops Home: A Book about Animal Habitats*）。New York: Scholastic。

☐ Satoh, A., & Toda, K.（1996）。《動物的臉》（*Animal Faces*）。La Jolla, CA: Kane/Miller。

☐ Staff of National Geographic, McKay, G., & McGhe, K.（2006）。《國家地理動物百科全書》（*National Geographic Encyclopedia of Animals*）。Washington, D.C.: National Geographic Society。

☐ Steig, W., & Puncel, M.（譯）(1997)。《老鼠牙醫》（*Doctor de Soto*）（西班牙文版）。New York: Farrar, Straus and Giroux。

☐ Taylor, B.（1998）。《農場的一天》（*A Day at the Farm*）。New York: DK Publishing。

☐ Wallace, K.（2003）。《去動物園旅行》（*Trip to the Zoo*，DK 讀者系列）。New York: DK Publishing。

♥《親愛的動物園》

文圖／羅德‧坎貝爾

譯／鄭榮珍

出版／上誼文化實業股份有限公司

❖ 主題的活動

　　以下的活動是透過使用兒童文學作為開端，每一個都與主題「世界上的動物」有關。

讀寫：

　　目標：創作一本字母書，其中複習了許多在單元中曾經學過與動物有關的文字。

　　過程：製作一本「驚奇的動物字母書」，並且影印給班上的每一個孩子。每個字母將代表一種不同的動物，例如 A：犰狳（armadillo），B：鳥（bird），C：黑猩猩（chimpanzee），D：狗（dog），E：大象（elephant），F：魚（fish）等。學生會與老師及其他孩子們一起朗讀字母與文字。

藝術：

　　目標：參與一個創意的藝術活動，它與故事書有關，包括認識動物的長相。

　　過程：在讀完 Satoh 及 Toda 所著的《動物的臉》（*Animal Faces*, 1996）後，討論各種動物臉的相似及相異處。提供學生們材料，例如：紙板、蠟筆、勞作紙、通心麵及羽毛，讓他們製作自己的動物臉面具。可以讓他們用一條線綁在面具的兩端，戴在頭上。

音樂：

　　目標：透過唱與主題相關的歌曲，認出動物名稱的字彙。

　　過程：動物歌曲集可以在 Beall 及 Nipp 所著的《英語歌謠：動物、動物、動物》（*Wee Sing, Animals, Animals, Animals*, 2006）中找到。唱這本書中的歌曲。在一張大紙上列出所提到的動物，並且讓孩子們將文字抄寫在一本寫作日記中。

科學：

　　目標：討論毛毛蟲蛻變成蝴蝶的過程。朗讀故事，並且讓學生畫圖及書寫
　　　　　文字以展現理解力。

　　過程：朗讀由 Rabe 所著的《我的，喔我的一隻蝴蝶！關於蝴蝶的一切》
　　　　　（*My, Oh My-A Butterfly! All About Butterflies*, 2007），去學習有關
　　　　　一隻毛毛蟲的蛻變。學生們可以畫畫並加上對應的文字，圖解說明
　　　　　這神奇的變身過程。

社會：

　　目標：將動物與牠們的原產國配對，能夠更熟悉世界地理。

　　過程：讓孩子們為成年的及嬰兒時期的動物圖畫上顏色，並且將其貼在
　　　　　勞作紙上。展示一張世界地圖，讓學生們將動物貼在適當的原產
　　　　　地區。由 Chessen 及 Chanko 所著的《動物之家》（*Animal Homes*,
　　　　　1998）可幫助學生們發展內容知識。

數學：

　　目標：重述一個故事時，使用數學的字彙。將數字與物件配對。

　　過程：朗讀一個與動物有關的故事，例如：Carle 所著的《123 到動物
　　　　　園》（*1,2,3 to the Zoo: A Counting Book*, 1998）。請班上孩子們使
　　　　　用書中提到的動物道具重述故事。讓孩子們數算書中每一頁不同種
　　　　　類的動物，並且將數字與對應的動物配對。

♥孩子們閱讀與主題「動物」相關的立體書後，進行活動與討論

（照片提供：紐約蒙特梭利學校）

職前及在職老師的專業發展

利用 82 頁的表 6，看看在一天中、一週中及一個月中運用了多少文學的活動。找出你可以改進的有哪些。

和同事一起選擇一本有關如何在幼兒園中使用兒童文學的專業發展書籍，可以是這本書或其他本書。一起聚會及閱讀其中的章節，並且將其中的概念付諸實行。討論與反思章節中的內容，以及你班上的情形。

與你的同儕分享你所喜歡的文學部分，這樣你們可以互相學習。

檢視你的計畫和你的藝術、音樂、遊戲、社會及科學中心，確定你將書籍適當地含括在這些中心正在進行的活動中。增添一些適合中心使用或當時正在進行的主題的書。

設計一個主題單元，並且確定將文學及讀寫包含在像是遊戲、音樂、藝術、社會及科學的學科領域中。

Chapter 5

與孩子在家中一起閱讀

　　當瓊斯太太五歲的孫子坐在她旁邊時，她將報紙在桌上攤開。瓊斯太太翻開體育版，因為在這份地區性的報紙裡，記載了他們才剛去看過的一場大學足球比賽。

達倫　　：再說一次分數是多少？我忘了。

瓊斯太太：讓我們一起來看看，並且弄清楚是幾分。你可以讀這些數字嗎？

達倫　　：那是羅格斯，13，和雪城，7。

瓊斯太太：非常好。

達倫　　：這張照片中的球員是誰？

瓊斯太太：（她將去看足球賽時買的書拿出來，並且看 23 號是誰。當他們知道了以後，瓊斯太太將他的資訊讀給達倫聽。）

達倫　　：雪城有多遠？我們可以去那裡嗎？

瓊斯太太：到那裡開車大約要四小時（她拿出一張地圖，並且指給達倫看，他住在紐澤西的哪裡，以及雪城在紐約的哪裡）。

　　在上述這段描述──一個男孩與他祖母間的對話討論中，運用了新的字彙、閱讀、數學及地理。報紙是一種文學的形式，提供了討論的基礎。

> 孩子們第一個也最永久的老師，是照顧他們的家庭成員。任何幼兒園讀寫課程的成功，大部分仰賴家中的讀寫環境。學校必須將父母包含在他們完整的讀寫課程中，成為其中的一部分。

如同這段對話所顯示的，孩子們第一個也最永久的老師，是照顧他們的家庭成員。任何幼兒園讀寫課程的成功，大部分仰賴家中的讀寫環境。學校必須將父母包含在他們完整的讀寫課程中，成為其中的一部分。因為家庭的類型有很多，我們用家長（parent）一詞來泛指任何在家中負責照顧孩子的成人。

 ## 為什麼家庭讀寫很重要？

我（本書作者萊斯利）可以證實家庭在早期讀寫能力發展方面有極重要的角色。從我孫子詹姆斯出生的那一天起，他的媽媽、爸爸及祖父母們都會為他朗讀。每天的故事時間裡，他總是在同一張椅子，蜷縮著坐在朗讀者的大腿上。五個月大時，只要有人朗讀給他聽，可愛的詹姆斯都會聆聽。我的女兒大部分都選故事簡短，而且每頁只有幾個字的硬頁書，例如 Carle 所著的《好餓的毛毛蟲》。當詹姆斯聆聽朗讀時，會全神貫注地聚焦在色彩明亮的圖畫上。一開始，他看起來很認真，接下來他會笑開懷。他經常伸手去碰書，偶爾他會發出咕咕聲，聽起來像是嘗試模仿朗讀聲。透過這種每日的經驗，他變得熟悉故事書朗讀，也樂在其中。

幾個月過後，詹姆斯以新的方式回應書籍。十個月大時，他能夠翻書。到了十二個月大，他會指著圖畫，並且製造聲音，像是為東西或角色命名。他的家人們都高興地回應，這些注意力及鼓勵刺激了詹姆斯持續去探索書籍。我們一起聊文字及圖畫，延伸故事的概念。故事朗讀是一種令每個人都期待的愉快及放鬆的儀式。

當詹姆斯十五個月大時，發現他能坐在地板上「朗讀」一本書。他知道如何將書上下不顛倒的拿好，他知道哪裡是書的開始、哪裡是書的結束，而且他知道如何翻頁。他看圖畫，並且以類似朗讀的聲調吟誦。他的語言無法讓人

理解，但若某人在一段距離外聽，可能會以為他在朗讀。事實上，他是在朗讀——以一種非傳統的方式，但是顯示出早期讀寫的行為。

詹姆斯的房間裡有一個伸手可及的書櫃。我的女兒在衣櫃的地板上，擺放了一箱書及詹姆斯的玩具，並且讓他任何時間都可以自由地去使用。詹姆斯看到他的父母閱讀，而有時他會拿自己的書加入他們的閱讀。詹姆斯對於書籍和閱讀的知識並非恰巧發生的，確切地說，它是在一種透過富支持性的成人的引導、示範及鼓勵下所營造，在一種能夠助長讀寫能力的環境中所發展出來的。

 ## 促進在家的讀寫能力發展

孩子們的家庭成員經常會詢問老師，他們在家裡能做些什麼來幫助他們的孩子學習讀及寫。一旦家人在家中提供了一個豐富的讀寫環境時，教導閱讀及寫作對在學校的老師和孩子來說，都變得容易多了。學校需要負起在社區中和家庭分享活動資訊的責任，這些活動是有關他們的孩子在進入幼兒園前，可以在家中應用的活動。舉例來說，可以為學齡前孩子的家長舉辦家庭工作坊，並且由學校分發有關從零到三歲孩子在家讀寫發展的小冊子。

以下的因素影響了家中讀寫環境的品質（Leichter, 1984）：

> 一旦家人在家中提供了一個豐富的讀寫環境時，教導閱讀及寫作對在學校的老師和孩子來說，都變得容易多了。學校需要負起在社區中和家庭分享活動資訊的責任，這些活動是有關他們的孩子在進入幼兒園前，可以在家中應用的活動。

- 人際互動——在家中，孩子、父母、手足及其他成員分享讀寫的經驗。
- 物理環境　在家中的讀寫材料。
- 情緒及動機的氛圍——家人的態度及對讀寫成就的意願。

這意謂著家庭成員間會閱讀和討論書籍、雜誌及報紙。孩子們有管道接觸許多類型的閱讀與寫作材料，並且被鼓勵在每日的生活中使用它們。家長要讓

孩子們知道,他們重視閱讀及寫作。

接下來的部分,我們會建議一些幼兒園老師可以和家庭分享、適合在家中和孩了一起閱讀的材料及策略。因為早期便接觸在書本的環境中,對於孩子成功的讀寫發展有絕對的必要性,我們將討論如何從孩子出生後,便和他們一起閱讀。在孩子進入幼兒園前,家長必須體認到他們在家中所要做的與書籍相關的工作。

❖ 在家中閱讀的材料

兒童的書應該製作成適用於全家各處,包括了在廚房、浴室及遊戲房中使用。在每個孩子的房間裡設置一個圖書角,提供孩子容易接觸書籍的管道,並且讓閱讀成為家庭每日例行活動中的一部分。如果沒有合適的書櫥,書本可以存放在一個硬紙板箱中,或是塑膠箱裡。當嬰兒在爬行及走路前,可以把書放在嬰兒床及遊戲床讓他們使用;防水書籍很適合在浴盆中使用。

一個藏書豐富的家庭圖書館包含了許多種類的書籍。「附錄 A」羅列了一份適合幼兒的書籍清單。對十八個月以內的嬰兒來說,明亮、彩色,以硬紙板、塑膠或布為材質的概念書很適合他們。這些書必須是安全的、圓角的,而且禁得起被咬或粗魯的對待。當孩子進入幼兒園的年齡或是更大一些,應該提供他們童謠、童話故事、民間故事、寫實性文學、知識性書籍、圖畫書、字母書、數字書、詩、和喜愛的電視節目相關的書,以及初階讀本(例如那些字彙有限、大的印刷字體,以及圖文密切結合的書)。兒童雜誌也能提供吸引人的閱讀材料,而且如果雜誌是以郵件方式寄來的,會帶來愉快的驚喜感。除了兒童文學,成人的印刷品,包括了書、雜誌、報紙,以及與工作相關的資料,都應該在家中隨手可得(Applebee, Langer, & Mullis, 1988; Hannon, 1995)。

❖ 將閱讀當作家庭活動

經常在家中聽父母、手足,或其他的人朗讀,以及一些家庭成員將閱讀當作娛樂的孩子,會較早成為讀者,並且自然地對閱讀表現出興趣(Bus, van

IJzendoorn, & Pellegrini, 1995; Sulzby & Teale, 1987）。這是可想而知的，透過經常地閱讀故事書，孩子變得熟悉書籍語言，並且了解書面的語言功能。閱讀故事書總是愉快的，這建立了孩子對於閱讀的渴望及興趣（Cullinan, 1987; Huck, 1992）。

老師應該鼓勵家庭成員每天為他們的孩子朗讀。朗讀可以從孩子出生的當天開始，雖然一般說來，嬰兒注意聆聽的能力有限，而且每次的情形也不太一樣。一個嬰兒或許比較喜歡咬書或捶打書，更甚於聆聽那本書。然而，從出生便有人念書給他聽的嬰兒，比起那些沒有聆聽的，比較能在朗讀故事時迅速集中注意力（Morrow, 2005）。

❖ 為出生到八歲的孩子在家中朗讀

若經常讀書給寶寶聽，他們會變得對書籍有反應。從出生到三個月，孩子對於書籍朗讀的注意力不穩定。當嬰兒凝視圖畫，並且顯得滿足及安靜時，可以視為他們對朗讀產生感受。如果嬰兒不停扭動、表現出不舒服，或是哭泣，那麼成人應該停止朗讀，並且試著利用其他的時間朗讀。

第三到第六個月，嬰兒變得明顯地專注於書籍朗讀中。他們開始聚焦在圖畫上和聆聽。他們經常會搶奪書、捶打它，並且試著將書放進他們的口中。只要他們顯得滿意，表示他們正投入在朗讀中。

六到九個月大的嬰兒能夠有目的地投入在故事書的朗讀中。他們或許會試著翻頁，回應作者語調的改變，或者製造聲音及動作表現出投入或高興。有時他們會開始對曾經聽過朗讀的書籍表現出偏愛。

一歲大的嬰兒在翻頁方面，會採取主導的角色，並且常隨著朗讀者的音調發出牙牙學語聲，聽起來像是在朗讀。他們強烈地顯現沉浸在聆聽朗讀中，當他們看到一本熟悉的書籍，他們會尋找較早的閱讀經驗中所記得的事物，像是顏色比較明亮的彩色頁面。

到了十五個月大時，曾經聽過朗讀的嬰兒能分辨哪邊是書的封面、哪邊是書的封底，以及書有沒有上下顛倒。他們開始辨別且為書中的角色命名。他們

和成人一起「朗讀」，會有大量的言語表達（Burns, Griffin, & Snow, 1999）。

家長應該將朗讀變成一種儀式，每天應該在相同的時間及相同的地點進行朗讀。就寢時間是許多孩子喜歡聽故事的時間，而且睡前故事是建立閱讀習慣的好方法。孩子們和家庭成員雙方都期待在一天結束時分享一本書。在孩子睡前為其朗讀，有安撫的作用；它有助於為孩子們建立一個常規，他們最終將能在睡前自己閱讀。

不該在孩子會開始自己閱讀時，就不再讀書給孩子聽。當孩子們能夠閱讀，床前故事的傳統可以發展成孩子為另一位家庭成員朗讀，或是可以持續和成人大聲朗讀高於孩子程度的書籍。四歲到七歲的孩子通常對於章節的書籍感興趣，但是他們還沒準備好自己閱讀。家庭成員可以利用這個機會，透過大聲朗讀較具挑戰性的文學作品，引發年幼讀者的閱讀動機。

另一個引起年幼讀者動機的重要方法是，確定他們有管道能得到引起他們興趣的新的閱讀材料。家長應該持續追蹤他們的孩子讀了什麼。成人需要持續提供孩子們新的書籍，即使孩子較大了，也似乎已建立了閱讀習慣。支持孩子的閱讀習慣，能夠幫助他們保持閱讀的興趣。

除了為孩子朗讀及自我閱讀，家庭成員可以先約好，有一個家人一起閱讀的時間。家人一起坐在廚房餐桌或起居室裡，每一個家庭成員閱讀自己的書，對大家來說都是一個豐富而有價值的活動。談談家庭成員們正在讀些什麼，也是一種重要的經驗。

❖ 在家閱讀的策略

在故事書閱讀時間中，家庭成員及孩子間的口頭互動，對於讀寫的發展具有重大的影響（Cochran-Smith, 1984; Ninio, 1980）。當家長在故事書閱讀時間與孩子互動時，他們定義文字、重複資訊，以及解釋概念，提升了孩子的讀寫發展（Heath, 1982; Morrow, 1987）。孩子們開始以問題及評語回應故事書閱讀，當他們對於書本表現出更複雜的想法時，回應會變得更複雜。有關在家閱讀故事書的研究顯示，一些互動行為會影響大聲朗讀活動的品質。這些行為

包括了提問、建構（示範對話及回應）、讚美、提供資訊、引導討論、分享
個人的反應，以及將概念與生活經驗連結（Edwards, 1995; Roser & Martinez,
1985; Taylor & Strickland, 1986）。圖 20 中的父親在故事書閱讀時間裡引導討
論，提升了孩子的投入。

圖 20　父親與女兒的故事書閱讀活動

（照片提供：紐約蒙特梭利學校）

　　以下是一位母親和她四歲女兒娜塔莉間的討論（Morrow, 1986），這是發生在一個故事書閱讀活動之初，顯示了一個成人如何邀請及建構回應。就像是娜塔莉媽媽給予她提示、回應及支持所導致的結果，娜塔莉探求了她的問題，並且得到了額外的資訊。

母　　親：娜塔莉，妳準備好要聽今天的故事了嗎？這是一本新書。我
　　　　　以前沒有讀給妳聽過。這是有關一隻蜘蛛非常忙碌地織她的
　　　　　網的故事。

娜塔莉：嘿，那在說什麼？〔指著封面上的書名〕

母　　親：那叫作書名。書名是《好忙的蜘蛛》。那是這本書的名稱。
　　　　　看，這裡也有：《好忙的蜘蛛》。

娜塔莉：〔一陣停頓，然後指著文字〕《好忙的蜘蛛》？

母　　親：對，妳把它讀出來了。看，妳知道怎麼讀。

娜塔莉：它說《好忙的蜘蛛》？〔再次用手指頭指〕

母　　親：妳又讀了一次。哇，妳真的會讀了！

娜塔莉：嗯，現在讀這本書，我也會讀。

♥《好忙的蜘蛛》
　文圖／艾瑞‧卡爾
　譯／鄧美玲
　出版／上誼文化實業股份有限公司

　　娜塔莉的媽媽朗讀故事。每次當她們讀到文本「蜘蛛沒有回答，她正忙著織網呢」時，媽媽會暫停一下看著娜塔莉，指著文字，並且誇大地朗讀句子。在兩次這樣的情形後，娜塔莉不再需要提示，而且能一邊指著文字，一邊朗讀。

將家庭融入你的讀寫計畫中：
老師能做些什麼的一般性方針

　　老師需要視父母為讀寫發展中的夥伴。每個老師都有責任定期通知家長，孩子在學校裡發生了什麼事，以及他們可以如何幫助自己的孩子。老師需要讓孩子的家庭成員參與學校日的活動，並且提供家庭成員一些可以在家中進行的活動。家庭成員要感受到他們在學校裡受到歡迎；他們需要機會，針對希望孩子們學些什麼提供一些貢獻，去表達他們對學校中發生的事物的感覺，以及為改變提供建議。表 8 為家長與老師的夥伴關係提供了一些建議，圖 21 則是一個檢核表，家長可以利用這個表格，在親師會議中提供有關他們的孩子進步的資訊。

　　在孩子進入幼兒園之前，老師即需要與孩子的家庭溝通有關豐富的讀寫環境的必要性。可以在特殊的集會中，例如：產科病房、婦產科與小兒科醫師的辦公室、教堂、猶太會堂及社區辦公室裡，為準父母宣導資訊。一份簡明的講義，例如圖 22「在家促進早期的讀寫能力」可作為一個有效的開端，並且可以印刷成你們社區中所使用的不同語言版本。

表 8　促進父母投入在幼兒園讀寫課程中的建議

1. **溝通目標：**
   在學年初，以簡單易懂的信致函給家長，溝通你所教的年齡層的孩子在讀寫發展方面需要達到的目標。

2. **出版一份通訊：**
   針對每個教學的新單元或教導的讀寫概念，發送一份通訊，讓家庭成員知道孩子們正在學習什麼，以及他們可以幫上什麼忙。其中包括了他們可以從圖書館借回家閱讀的書單。

3. **與家長會面：**
   邀請家長參加學校計畫、親師會議，以及有關課程定案的公開會議。會議的主題可以設定為：與孩子一起閱讀，以及選擇在家分享的書籍等。

4. **鼓勵家庭成員在教室中協助：**
   邀請父母及祖父母協助有關讀寫的活動，例如：書籍裝訂、與孩子共讀、負責兒童故事的書面口述活動，以及當老師教導小團體與個別孩子時，負責督導獨立的活動。每當家長拜訪教室時，鼓勵他們與孩子一起活動。舉例來說，如果家長在中心活動時間拜訪，他們可以和他們的孩子閱讀及寫作，看看學校中的讀寫環境如何，進而成為幫助孩子整體讀寫發展中的一份子。

5. **發送家庭活動計畫，鼓勵他們將實行後的心得回饋給學校：**
   將你在教室中所做的活動與帶回家的活動一起做延伸，例如：大聲朗讀書籍、參訪圖書館、運用食譜、寫紙條、一起寫日記，以及一起觀看和談論電視節目。每當你發送家庭活動讓家長與孩子一起進行時，要求家長提供有關親子一起參與的書面回饋。如此的回饋能讓你洞察在家中進行活動的情形，保持讓家長負責參與一些活動，並且幫助你計畫未來的活動。

6. **在你的教室中表揚孩子的家庭：**
   邀請父母及祖父母到學校分享他們的特殊技能，談談他們的文化遺產等。

7. **當孩子表現良好時，通知家庭：**
   不要只等問題發生時才通知家庭。

8. **為家庭成員提供一份兒童文學清單，讓他們與孩子分享：**
   附錄 A 建議了一些不同主題的書籍。

9. **讓孩子的家庭成員共同協助評量他們孩子的進步情形：**
   提供一些表格給孩子的家庭成員去填寫有關孩子的讀寫活動，以及他們在家中與孩子所做的一些事。讓他們在親師會議中，分享一些有關自己孩子進步的資訊。

圖 21　孩子進步資訊的表格

☑ 檢核表：觀察我孩子的讀寫成長

孩子的姓名：＿＿＿＿＿＿＿＿＿　　　　日期：＿＿＿＿＿＿

	總是	有時	從不	評語
1. 我的孩子要求朗讀書給他聽。				
2. 我的孩子獨自朗讀書或看書。				
3. 我的孩子知道朗讀給他（她）聽的是什麼，或是他（她）自我朗讀的是什麼。				
4. 我的孩子適當地處置書籍，知道如何翻頁，並且知道印刷文字是從左往右讀。				
5. 我的孩子假裝朗讀或對我朗讀。				
6. 我的孩子參與朗讀富有韻文及重複片語的故事。				
7. 我的孩子會和我一起寫字。				
8. 我的孩子會自己寫字。				
9. 我的孩子會談他（她）寫了什麼。				
10. 我的孩子讀環境中的文字，例如：標誌及標籤。				
11. 我的孩子喜歡學校。				

對孩子的評語：

資料來源：Lesley Mandel Morrow, *Literacy Development in the Early Years:Helping Children Read and Write,* 5th Edition. Published by Allyn & Bacon, MA. Copyright © 2005 by Pearson Education. Reprinted by permission of the publisher.

圖 22　在家促進早期的讀寫能力

你的孩子的閱讀及寫作能力有賴於自他（她）出生後，你在家所做的。以下列舉了一些當你幫助孩子學習閱讀及寫作時，所建議的重要材料、活動及態度。逐項檢視你所做過的事，然後試著做一些清單上你從未做過的事。

材料：

___ 在家中為你的孩子準備一個放置書及雜誌的空間。

___ 如果可以，為你的孩子訂閱一份雜誌。

___ 為每位家庭成員準備隨手可得的閱讀材料。參訪圖書館，並且讓家中充滿了可讓大人和小孩閱讀的書籍、雜誌及報紙。

___ 提供能夠鼓勵孩子去述說或創作他們自己的故事的材料，例如：玩偶、娃娃及有聲書。

___ 提供書寫的材料，例如：蠟筆、麥克筆、鉛筆及不同尺寸的紙張。

活動：

___ 和你的孩子一起讀書及看書、雜誌或報紙。談論你看或讀了什麼。

___ 一起說有關書籍、你的家人，以及你所做的一些事的故事。

___ 看看及談論你擁有的寫作材料，例如：型錄、廣告、與工作相關的材料及信件。

___ 當孩子看到你時，透過不時的閱讀及寫作為他們提供一個示範。

___ 和你的孩子一起寫作，並且談論你在寫什麼。

___ 指出你家中的印刷文字，例如：在食物外盒或食譜上的文字、用藥指南，或是裝配東西的說明書。

___ 指出住家附近的印刷文字，例如：路標及商店的名字。

___ 拜訪郵局、超市或動物園，並找出相關書籍來閱讀。在回家的路上，談論有關你看到了什麼。當你回到家中，繪畫及書寫出這些相關的經驗。

___ 用文字與孩子溝通，為彼此留下字條。製作執行工作的清單、雜貨清單及假日購物清單。

助長對閱讀及寫作正面的態度：

___ 透過讚美，獎勵你的孩子對於閱讀及寫作的企圖，即使他們做得並不完美。說一些親切的話語，像是：「你做得真好」、「我很高興看到你在讀書」，或是「看到你在寫作真高興，需要我幫忙嗎？」

圖 22　在家促進早期的讀寫能力（續）
___ 回答孩子有關閱讀及寫作的問題。
___ 確定閱讀及寫作是很愉快的經驗。
___ 將孩子的作品展示在家中。
___ 當孩子要求你時，拜訪學校。在學校幫忙擔任志工，出席孩子所參加的課程，並且出席集會及家庭會議。這讓你的孩子知道你關心他（她）及學校。

 # 讓家庭成功投入讀寫課程的因素

　　每個人都是獨一無二的，因此家庭讀寫課程需要量身訂製，以符合他們所服務的個體的需要。表 9 針對打造成功的讀寫課程，提供了一些訣竅。

　　表 10 為老師提供了一份與家庭資源分享的清單。圖畫書清單所列的包含各種文化背景的書籍，每一本書說明了一種介於家庭與廣義的家庭成員間的特殊關係。

　　家庭成員是孩子第一個也是最永久的老師。優質的幼兒園要能吸引家庭成為完整的語言及讀寫課程中的一部分——無論在學校或家中。從學校延伸到家長，讓家長們成為你完整閱讀課程中的一部分。

表 9　家庭讀寫課程的訣竅
• 尊重及了解你所服務的家庭的多樣性。
• 意識到社區中有些孩子的家中，使用不同的語言。將發送給他們的讀寫材料翻譯成他們所能理解的語言。
• 透過在一天中不同的時間及一週裡不同的時間舉行會議，以配合大家的時間表。
• 如果家庭成員因交通的緣故無法抵達會議現場，可以為他們提供交通工具。
• 在會議中提供托兒照顧。
• 提供食物及點心。
• 在家庭聚會時，提供家人可以分享的想法和材料。
• 鼓勵家庭成員在學校上課時間參與學校的活動。

表10 家庭資源	
資源類型	資源
有關家庭的童書	☐ Bunting, E.（2004）。《你能做這個嗎，老獾？》（*Can You Do This, Old Badger?*）。San Diego, CA: Harcourt。
	☐ Darian, S.（1996）。《祖父的花園》（*Grandpa's Garden*）。Nevada City, CA: Dawn Publications。
	☐ Downey, R.（2001）。《愛的家庭》（*Love Is a Family*）。New York: HarperCollins。
	☐ Fox, M.（1997）。《蘇菲亞》（*Sophie*）。San Diego, CA: Harcourt。
	☐ Guback, G.（1994）。《盧卡的被子》（*Luka's Quilt*）。New York: Greenwillow。
	☐ Hausherr, R.（1997）。《表揚家庭》（*Celebrating Families*）。New York: Scholastic。
	☐ Katz, K.（2007）。《爸爸的擁抱》（*Daddy Hugs*）。New York: Simon & Schuster。
	☐ McCormick, W.（2002）。《爸爸你會想我嗎？》（*Daddy, Will You Miss Me?*）New York: Aladdin。
	☐ Parr, T.（2003）。《家傳寶典》（*The Family Book*）。Boston: Little, Brown。
	☐ Reid, M.（1995）。《釦子盒》（*The Button Box*）。New York: Penguin。
	☐ Tsubakiyama, M. H.（1999）。《米米喜愛早晨》（*Mei-Mei Loves the Morning*）。Morton Grove, IL: Albert Whitman。
	☐ Wild, M.（1995）。《記得我》（*Remember Me*）。Morton Grove, IL: Albert Whitman。
	☐ Winch, J.（2000）。《跟上祖母》（*Keeping Up with Grandma*）。New York: Holiday House。

資源類型	資源
家長及教育人員可以補充使用的家庭讀寫資源	□ International Reading Association.（1997）。《探索書籍的遊樂場：給閱讀新手的父母的訣竅》（*Explore the Playground of Books: Tips for Parents of Beginning Readers*，小冊子）。Newark, DE: Author。 □ International Reading Association.（1997）。《準備好閱讀！幼兒父母的訣竅》（*Get Ready to Read! Tips for Parents of Young Children*，小冊子）。Newark, DE: Author。 □ International Reading Association.（1999）。《啟蒙讀寫能力及你的孩子：幫助你的寶寶或幼兒園的孩子成為一位讀者》（*Beginning Literacy and Your Child: A Guide to Helping Your Baby or Preschooler Become a Reader*，小冊子）。Newark, DE: Author。 □ National Association for the Education of Young Children.（2004）。《培養一個讀者，培養一個作者：父母們應該如何幫忙》（*Raising a Reader, Raising a Writer: How Parents Can Help*，小冊子）。Washington, DC: Author。 □ Lipson, E. R.（2000）。《紐約時報雜誌提供給父母最好的童書指南》（*New York Times Parent's Guide to the Best Books for Children*）。New York: Crown。 □ Trelease, J.（1985）。《朗讀手冊》（*The Read-Aloud Handbook*）。New York: Penguin。

表 10　家庭資源（續）

職前及在職老師的專業發展

　　盡全力讓家長參與在你的課程中。讓家長來學校參加一個資訊性的會議，並且為他們示範優良的故事書朗讀，辨識兒童文學的良好特質，以及建議他們為孩子朗讀一些優良的兒童文學。幫助他們了解接觸許多文學類型的重要性。為家長示範使用及沒有使用道具的說故事方法，讓他們製作一個故事道具帶回家。讓家長完成圖 21 中的表格，這樣你會略為知悉家長與他們的孩子在家中做了什麼，以及孩子們在家中做了哪些有關文學的活動。

　　讓家長們知道你們正在學習的主題，並且邀請他們朗讀一本與主題相關的書籍。如果他們擁有來自其他國家的書籍，並且希望以他們自己的語言朗讀，歡迎他們這麼做。老師可以在他們朗讀前，先以中文朗讀一遍。

　　檢視表 8，看看你做了多少表中所建議的活動。嘗試新的策略，並且與你的同儕一起思考如何成功的達成。

　　創造一個針對你自己專業發展的計畫，它將能提升有關你在幼兒園中運用兒童文學的知識，以及發展理解力的技巧。

結論

這本書說明了在幼兒園中運用兒童文學的價值，並且提供老師一些能夠幫助幼兒喜愛文學及從書中獲得資訊的實用方法。首先，我們討論兒童文學及其對於孩子的社會、情緒及智能發展的影響。接下來，我們檢視不同的文學類型，並且描述如何將兒童文學結合不同主題的內容範圍，例如：戲劇扮演、藝術、音樂、科學、社會及數學。最後，我們解釋在兒童文學發展中，家庭所扮演的關鍵性角色，同時建議了一些能夠促進成功的親師夥伴關係的方法。

一個孩子若在三歲前無法適當地發展字彙能力，會被認為將來的學業表現也極可能並不理想。慶幸的是，這些孩子如果進入一所強調語言及讀寫能力發展的幼兒園，他們的語言發展便能夠趕上其他孩子（Barnett, 1995; Campbell & Raney, 1995）。在這些幼兒園裡的老師，有目的且刻意地為孩子們朗讀、討論書籍，以及鼓勵孩子們在遊戲中使用讀寫能力。當孩子們照著文字拍手、玩音節遊戲及唱誦兒謠時，同時也發展了語音意識。具有高品質幼兒園學習經驗的孩子，比起沒有上過幼兒園的孩子，較有可能達成各方面的學業表現（Hart & Risley, 1999）。上過幼兒園的孩子就讀小學時，學業成績表現得較佳，從高中順利畢業的比率較高，也較少有問題行為。很重要的是，透過上幼兒園，所有的孩子都可以有機會具有成功的讀寫表現（Barnett, 1995; Campbell & Raney, 1995）。

為孩子朗讀是一個為孩子示範讀寫能力，以及讓孩子接觸新語言最好且最熟悉的方法。如果孩子是去學習新的字彙及語言結構，這些閱讀經驗必須透過互動討論來完成。

在幼兒園中的教學必須是有目的及有心的，我們必須建立並完成特定的目標。我們不能離開教學而讓孩子獨立自發性的學習。在幼兒園的幾年不僅十分

珍貴，並且為之後的學業奠下了成功的基礎。來自不同背景的孩子，當遇上了
準備萬全的老師時，比較可能成為一位成功的讀者及寫作者。他們也需要一個
聚焦在語言和讀寫能力，並且結合了社會、情緒、生理及認知發展的課程。此
外，一個牢固的家庭連結要素也是必要的。老師運用對文學類型的知識及有效
的教學策略夫提升孩子們對於文本的理解力，如此一來就能夠成功地幫助孩子
閱讀，並且激勵他們成為終身的自發性讀者。

兒童文學推薦書單

　　這份附錄透過將文學類型加以彙整，包含了推薦給幼兒園孩子不同種類童書的清單，以及一份雜誌清單。

字母書

Andreae, G. (2003). *K is for kissing a cool kangaroo*. New York: Scholastic.

Diaz, J., & Gerth, M. (2003). *My first jumbo book of letters*. New York: Scholastic.

Horenstein, H. (1999). *Arf! beg! catch! Dogs from a to z*. New York: Scholastic.

Isadora, R. (2001). *ABC pop*. New York: Penguin.

Kirk, D. (2002). *Miss Spider's ABC*. Lexington, KY: Book Wholesalers.

Mazollo, J. (2000). *I spy little letters*. New York: Scholastic.

Whitehouse, P. (2002). *Food ABC: The colors we eat*. Chicago: Heinemann.

Whitford, P. (2001). *Everything to spend the night from A to Z*. New York: Scholastic.

真實問題的書

Alexander, M. (2006). *Nobody asked me if I wanted a baby sister*. Watertown, MA: Charlesbridge.

Brandt, A. (2004). *When Katie was our teacher*. St. Paul, MN: Redleaf.

Davis, K. (2002). *I hate to go to bed*. San Diego, CA: Harcourt.

Hale, I. (1992). *How I found a friend*. New York: Viking.

Lindsay, J.W. (2000). *Do I have a daddy?* Buena Park, CA: Morning Glory.

Maynard, B. (1999). *Quiet, Wyatt!* New York: Penguin.

Numeroff, L.J. (2001). *What grandmas do best/what grandpas do best*. New York: Simon & Schuster.

Palatini, M. (2000). *Good as Goldie*. New York: Hyperion.

Shannon, D. (1999). *David goes to school*. New York: Scholastic.

文化多樣性的書

Adoff, A. (2004). *Black is brown is tan*. New York: HarperCollins.

Ashley, B. (1995). *Cleversticks*. New York: Crown.

Avery, C.E. (2004). *Everybody has feelings*. Beltsville, MD: Gryphon House.

Baer, E. (1992). *This is the way we go to school: A book about children around the world*. New York: Scholastic.

Dorros, A. (1997). *Abuela*. New York: Puffin.

Hamanaka, S. (1999). *All the colors of the Earth*. New York: HarperCollins.

Hoffman, M. (1998). *Amazing Grace*. New York: Penguin.

Lin, G. (2004). *Kite flying*. New York: Random House.

Lind, M. (2003). *Bluebonnet girl*. New York: Henry Holt.

London, J. (2000). *Who bop?* New York: HarperCollins.

Montanari, D. (2004). *Children around the world*. Tonawanda, NY: Kids Can Press.

Morris, A. (1993). *Hats, hats, hats*. New York: HarperCollins.

Peacock, C.A. (2004). *Mommy far, mommy near: An adoption story*. Morton Grove, IL: Albert Whitman.

Strickland, D.S., & Strickland, M.R. (1996). *Families: Poems celebrating the African-American experience*. Honesdale, PA: Boyds Mills Press.

van Dort, E. (1998). *Am I really different?* Edinburgh, Scotland: Floris.

Watlington, C. (2002). *Zoe*. Emcor, Nicaragua: Ebonylaw.

Woodson, J. (2001). *The other side*. New York: Penguin.

硬紙板概念書

Barrett, J.E. (2000). *Too big for diapers: Featuring Jim Henson's Sesame Street Muppets*. New York: Random House.

Carle, E. (2005). *Does a kangaroo have a mother, too?* New York: HarperCollins.

Deschamps, N. (2003). *Things that go*. New York: DK Publishing.

Dr. Seuss. (2003). *Happy birthday to you: A pop-up book*. New York: Random House.

Martin, B., Jr. (2006). *Panda bear, panda bear, what do you see?* New York: Holt.

Tracy, T. (1999). *Show me!* New York: HarperCollins.

經典圖畫故事書

Barrett, J. (1988). *Animals should definitely not wear clothing.* New York: Simon & Schuster.

Bemelmans, L. (1998). *Madeline.* Cambridge, MA: Schoenhof Foreign Books.

Berenstain, S., & Berenstain, J. (1966). *The bear's picnic.* New York: Random House.

Bourgeois, P. (1997). *Franklin in the dark.* Toronto, ON: Kids Can Press.

Brown, M.W. (2005). *Goodnight moon.* New York: HarperCollins.

Carle, E. (2007). *The very hungry caterpillar.* New York: Penguin.

dePaola, T. (1979). *Strega Nona.* New York: Simon & Schuster.

Eastman, P.D. (2005). *Are you my mother?* New York: Random House.

Flack, M. (1999). *Ask Mr. Bear.* Orlando, FL: Harcourt School.

Hoban, R. (1976). *Best friends for Frances.* New York: HarperCollins

Hutchins, P. (1994). *Don't forget the bacon.* New York: HarperCollins.

Johnson, C. (1981). *Harold and the purple crayon.* New York: HarperCollins.

Keats, E.J. (1998). *The snowy day.* New York: Puffin.

Kellogg, S. (1992). *Can I keep him?* New York: Penguin.

Kraus, R. (1994). *Leo the late bloomer.* New York: HarperCollins.

Lionni, L. (2005). *Swimmy.* Germany: Beltz & Gelberg.

McCloskey, R. (1976). *Blueberries for Sal.* New York: Penguin.

Piper, W. (2005). *The little engine that could* (Reillustrated ed.). New York: Penguin.

Potter, B. (2002). *The tale of Peter Rabbit.* New York: Penguin.

Sendak, M. (1991). *Where the wild things are.* New York: HarperCollins.

Slobodkina, E. (1987). *Caps for sale.* New York: HarperCollins.

Viorst, J. (1987). *Alexander and the terrible, horrible, no good, very bad day.* New York: Simon & Schuster.

Waber, B. (1975). *Ira sleeps over.* Boston: Houghton Mifflin.

布書

Cousins, L. (1992). *Flower in the garden.* Cambridge, MA: Candlewick.

Cousins, L. (1992). *Hen on the farm.* Cambridge, MA: Candlewick.

Kunhardt, D.M.. (2003). *Sleepy bunny.* New York: Golden.

Kueffner, S. (1999). *Look, baby!* New York: Friedman-Fairfax.

Rettore, A.S. (2004). *Lucky ladybug.* New York: Cartwheel.

概念書

Backpack Books. (2002). *It's about time!* (Huggy Buggy series). New York: Barnes and Noble.

Davis, K. (2001). *Soft shapes: On and off.* Norwalk, CT: Innovative Kids.

Hoban, T. (1987). *I read signs.* New York: HarperCollins.

Hoban, T. (1998). *More, fewer, less.* New York: Greenwillow.

Klingel, C., & Noyed, R.B. (2001). *Pigs.* Chanhassen, MI: The Child's World.

Miller, M. (1998). *Big and little.* New York: Greenwillow.

Murphy, C. (2000). *Black cat, white cat: A book of opposites.* New York: Simon & Schuster.

非小說書

Maass, R. (1996). *When summer comes.* New York: Holt.

Macken, J.E. (2003). *Crossing guard.* Milwaukee, WI: Gareth Stevens.

Reid, M.E. (1997). *Let's find out about ice cream.* New York: Scholastic.

Rotner, S. (2000). *The body book.* New York: Orchard.

Satoh, A., & Toda, K. (2000). *Animal faces.* New York: Kane/Miller.

Saunders-Smith, G. (1998). *The fire station.* Mankato, MN: Pebble.

Saunders-Smith, G. (2000). *Flowers.* Mankato, MN: Pebble.

數字書

Baker, A. (1998). *Little rabbit's first number book.* Boston: Houghton Mifflin.

Bang, M. (1996). *Ten, nine, eight.* New York: Tupelo.

Beaton, C. (2002). *One moose, twenty mice.* Cambridge, MA: Barefoot Books.

Carle, E. (2007). *1, 2, 3 to the zoo.* New York: Penguin.

Christelow, E. (2006). *Five little monkeys jumping on the bed.* Boston: Houghton Mifflin.

Ehlert, L. (2001). *Fish eyes: A book you can count on.* San Diego, CA: Harcourt.

Falconer, I. (2002). *Olivia counts.* New York: Atheneum.

Gerth, M. (2006). *Ten little ladybugs.* Atlanta: Piggy Toes Press.

Hubbard, P. (1999). *Trick or treat countdown.* New York: Holiday House.

Miranda, A. (2002). *Monster math.* San Diego, CA: Harcourt.

Strickland, P. (2000). *Ten terrible dinosaurs.* New York: Puffin.

童謠

Opie, I.A. (Ed.). (1996). *My very first Mother Goose.* Cambridge, MA: Candlewick.

Scarry, R. (1999). *Best Mother Goose ever.* New York: Golden.

Wright, B.F. (2007). *The real mother goose.* Champaign, IL: Book Jungle.

塑膠書

Aigner-Clark, J. (2003). *Baby Einstein: Water, water everywhere.* New York: Hyperion.

Bevington, K. (2002). *A frog's life.* Brooklyn, NY: Straight Edge Press.

Hill, E. (2003). *Spot goes splash.* New York: Putnam.

London, J. (2001). *Froggy takes a bath.* New York: Grosset & Dunlap.

Potter, B. (2002). *The tale of Benjamin Bunny.* New York: Frederick Warne.

詩

Bierhorst, J. (Ed.). (1998). *In the trail of the wind: American Indian poems and ritual orations.* New York: Farrar, Straus and Giroux.

Feldman, T. (2003). *First foil poetry haikus: Love.* Los Angeles: Piggy Toes Press.

Florian, D. (2004). *Mammalabilia.* San Diego, CA: Harcourt.

Hoberman, M. (2007). *You read to me, I'll read to you.* New York: Little, Brown.

Kuskin, K. (2003). *Moon, have you met my mother? The collected poems of Karla Kuskin.* New York: HarperCollins.

Prelutsky, J. (1999). *The 20th century children's poetry treasury.* New York: Random House.

可預測的書

重複片語

Chapman, C. (1994). *Snow on snow on snow.* New York: Dial.

Sendak, M. (1991). *Chicken soup with rice.* New York: HarperCollins.

Wilson, K., & Rankin, J. (2003). *A frog in the bog.* New York: Simon & Schuster.

韻文

Alborough, J. (2008). *Duck in the truck.* La Jolla, CA: Kane/Miller.

Ashman, L. (2002). *Can you make a piggy giggle?* New York: Dutton.

Beaton, C. (2004). *How big is a pig?* Cambridge, MA: Barefoot Books.

Christelow, E. (2004). *Five little monkeys wash the car.* Boston: Houghton Mifflin.

Dr. Seuss. (1960). *Green eggs and ham.* New York: Random House.

Fleming, D. (2005). *Pumpkin eye.* New York: Henry Holt.

Kuskin, K. (1995). *James and the rain.* New York: Simon & Schuster.

McMillan, B. (2001). *Puffins climb, penguins rhyme.* San Diego, CA: Harcourt.

Newcome, Z. (2002). *Head, shoulders, knees and toes and other action rhymes.* Cambridge, MA: Candlewick.

Schotter, R. (2000). *Captain Bob sets sail.* New York: Atheneum.

熟悉的順序

Carlstrom, N.W. (1999). *How do you say it today, Jesse Bear?* New York: Aladdin.

Carlstrom, N.W. (2005). *Jesse Bear, what will you wear?* New York: Aladdin.

Hubbard, P. (1999). *Trick or treat countdown.* New York: Holiday House.

Updike, J. (1999). *A child's calendar.* New York: Holiday House.

Van Allsburg, C. (1998). *The z was zapped.* Boston: Houghton Mifflin.

累積的模式

Carle, E. (2000). *The very lonely firefly.* New York: Penguin.

Tompert, A. (1996). *Just a little bit.* Boston: Houghton Mifflin.

Wood, A. (1994). *The napping house wakes up.* San Diego, CA: Harcourt.

主題書

動物與昆蟲

Barton, B. (2001). *Dinosaurs, dinosaurs.* New York: HarperCollins.

Collard, S.B. (2000). *Animal dads.* Boston: Houghton Mifflin.

Glaser, L. (1994). *Wonderful worms.* Minneapolis, MN: Lerner.

Hurd, E.T. (2000). *Starfish.* New York: Scholastic.

Klingel, C.F. , & Noyed, R.B. (2001). *Pigs.* Chanhassen, MI: Child's World.

Nicholson, S. (1999). *A day at Greenhill farm.* New York: DK Publishing.

Rockwell, A.F. (2001). *Bugs are insects.* New York: HarperCollins.

Selsam, M.E. (1995). *How to be a nature detective.* New York: HarperCollins.

人類身體

Carle, E. (1999). *From head to toe.* New York: HarperCollins.

Cole, J. (1993). *The magic school bus: Inside the human body.* New York: Scholastic.

Hewitt, S. (1999). *The five senses.* New York: Children's Press.

Kates, B.J. (1996). *Sesame Street: We're different, we're the same*. New York: Random House.

Sakelaris, P. (2000). *Giggle belly*. New York: Children's Press.

Serfozo, M. (2000). *A head is for hats*. New York: Scholastic.

Shappie, T.L. (1997). *Where is your nose?* New York: Scholastic.

營養

Frost, H. (2000). *The dairy group*. Mankato, MN: Capstone.

Katzen, M., & Henderson, A. (2004). *Pretend soup and other real recipes: A cookbook for preschoolers and up*. Berkeley, CA: Ten Speed Press.

Robinson, F. (1995). *Vegetables, vegetables*. San Francisco: Children's Book Press.

Royston, A. (2002). *Eat well*. London: Heinemann.

Silverstein, A., Silverstein, V.B., & Silverstein Nunn, L. (2000). *Eat your vegetables! Drink your milk!* New York: Scholastic.

Whitehouse, P. (2002). *Food ABC*. London: Heinemann.

William, M. (2002). *Eat healthy, feel great*. Boston: Little, Brown.

植物

Carle, E. (2005). *The tiny seed*. New York: Simon & Schuster.

Cole, H. (1997). *Jack's garden*. New York: HarperCollins.

Ehlert, L. (2003). *Planting a rainbow*. San Diego, CA: Harcourt.

Ehlert, L. (2004). *Growing vegetable soup*. San Diego, CA: Harcourt.

Klingel, C., & Noyed, R.B. (2000). *Pumpkins*. Chanhassen, MI: Child's World.

Rockwell, A. (1999). *One bean*. Thornton, NH: Walker & Co.

安全

Cuyler, M. (2004). *Stop, drop, and roll*. Pine Plains, NY: Live Oak Media.

Raatma, L. (2004). *Safety on the playground*. Mankato, MN: Child's World.

Thomas, P. (2003). *I can be safe*. Hauppauge, NY: Barrons.

氣候與季節

Backpack Books. (2002). *What's the weather?* New York: Barnes and Noble.

Blackstone, S. (2004). *Bear in sunshine*. Cambridge, MA: Barefoot Books.

Branley, F. (2000). *Snow is falling*. New York: HarperCollins.

Saunders, G. (2000). *Autumn*. Mankato, MN: Coughlan.

Shaw, C. (1988). *It looked like spilt milk*. New York: HarperCollins.

Siddals, M.M. (2001). *Tell me a season*. Boston: Houghton Mifflin.

觸摸與感覺的書

Boynton, S. (1998). *Dinosaur's binkit*. New York: Little Simon.

Kunhardt, D. (2001). *Pat the Bunny* series. New York: Random House.

Pledger, M. (2001). *In the ocean*. San Diego, CA: Silver Dolphin.

Saltzberg, B. (2000). *Animal kisses*. San Diego, CA: Harcourt.

Watt, F., & Wells, R. (2004). *That's not my dinosaur*. Tulsa, OK: EDC Publishing.

傳統的文學：童話、寓言、神話及民間故事

Asbjornsen, P.C., & Moe, J.E. (1991). *The three billy goats gruff*. San Diego, CA: Harcourt.

Brett, J. (1996). *Goldilocks and the three bears*. New York: Putnam.

Capucilli, A.S. (2006). *Biscuit goes to school*. New York: Barnes and Noble.

Galdone, P. (1983). *The gingerbread man*. Boston: Houghton Mifflin.

Galdone, P. (1985). *The little red hen*. Boston: Houghton Mifflin.

雙語的書

Beinstein, P., & Thompson Bros. (2003). *Dora's book of words/Libro de palabras de Dora: A bilingual pull-tab adventure!* New York: Simon Spotlight/Nickelodeon.

Betrand, D.G. (2008). *My pal, Victor/Mi amigo, Victor*. McHenry, IL: Raven Tree Press.

Bridwell, N. (2003). *Clifford's bathtime/Clifford i la hora del bano*. New York: Scholastic.

Pandell, K. (2003). *I love you sun, I love you moon/Te amo sol, Te amo luna*. New York: Putnam Juvenile.

Pfister, M. (2006). *Rainbow Fish opposites/opuestos*. New York: North-South.

Reiser, L. (1996). *Margaret and Margarita/Margarita y Margaret*. New York: Rayo/Harper Collins.

Schumacher, B. (2006). *Body parts/Las partes del cuerpo*. Racine, WI: Learning Props.

Valeri, M.E. (2006). *The hare and the tortoise/La liebrey la tortuga*. San Francisco: Chronicle Books.

多元文化的書

Castaneda, O. (1995). *Abuela's weave*. New York: Lee & Low.

Dooley, N. (1992). *Everybody cooks rice*. Minneapolis, MN: Carolrhoda.

Friedman, I.R. (1987). *How my parents learned to eat*. Boston: Sandpiper Houghton Mifflin.

Heide, F.P. (1995). *The day of Ahmed's secret*. New York: HarperTrophy.

Ho, M. (1996). *Hush! A Thai lullaby*. New York: Orchard.

Lee, H.V. (1999). *At the beach*. Topeka, KS: Topeka Bindery.

Onyefulu, I. (1997). *A is for Africa*. New York: Puffin.

雜誌

- 《小尼克》（*Nick Jr.*）

  《小尼克》雜誌為二到六歲的孩子提供活動，包括有關孩子發展的最新資訊、新聞及家庭產品，深受師長喜愛。

- 《動物書》（*Zoobooks*）

  每月發行一次，包含了顏色插畫、圖解及有特色的動物照片，具有教育性及娛樂性。

- 《亮點歡呼》（*Highlights High Five*）

  《亮點歡呼》的宗旨是為了鼓勵孩子們的發展。以健全的教育原則及廣泛被接受的孩子發展理論為基礎，每月發行一次，內容包含了四十頁高品質、融合了故事及適齡的猜謎和活動。

- 《國家地理雜誌兒童版》（*National Geographic Kids*）

  這份雜誌的特色包含了動物、科學、科技及全球孩子成就的故事，也有猜謎、遊戲、海報及蒐集卡。

- 《迪士尼與我》（*Disney and Me Magazine*）

  提供讀者最喜愛的經典雜誌。採全尺寸，三十二頁，以維尼熊和他的朋友們為特色，讓二到六歲的孩子在趣味中進行早期學習的雙月刊。每期包含了故事、繪畫、連連看、數數、著色及一本獨立的工作本。

□ 《你的大後院雜誌》（*Your Big Back Yard Magazine*）

美國國家野生動物聯盟（National Wildlife Federation）為三到五歲的孩子所寫的出版品。每一期透過介紹自然界的嬰兒動物照片、故事、詩、謎語及遊戲，讓孩子在閱讀中激發起對自然的好奇及興趣。

□ 《瓢蟲雜誌》（*Ladybug Magazine*）

適合二到六歲的孩子，充滿了角色、遊戲、歌曲、詩及故事。

□ 《幼兒園遊戲室雜誌》（*Preschool Playroom Magazine*）

為幼兒園的孩子所寫的，每本月刊以繪畫、數數、著色及閱讀活動為特色，並附有一張海報和一本六頁的獨立工作本。「遊戲室筆友」一欄鼓勵孩子們書寫，或畫出他們所喜愛的角色。

□ 《湯瑪士與朋友》（*Thomas and Friends Magazine*）

為早期學習者將湯瑪士小火車及他朋友的世界帶到生活中。每一期雜誌都有許多故事，還包含了一張可收集的海報、教育的活動，以及一本獨立的工作本。

附錄 B

新讀寫能力的相關推薦

網站

麥格羅－希爾的兒童文學網站（The McGraw-Hill Website for Children's Literature）

www.mhhe.com/socscience/education/kidlit/

一個兒童文學、線上課程計畫，以及應用在教室中的活動資料庫。它也提供每月作者及書籍的資料。

幼兒園的讀寫能力網（Preschool at The Literacy Web）

www.literacy.uconn.edu/pkhome.htm

一個讀寫能力資源的網頁，其中包含了容易運用、適合幼兒及老師利用的一套讀寫概念分類。

和我一起閱讀！（Read With Me!）

www.teachersandfamilies.com/open/psreading.cfm

一份幼兒必讀的書籍清單。

書籍及幼兒園文學活動與手工藝（Books and Literature Preschool Activities and Crafts）

www.first-school.ws/theme/books.htm

增強孩子在幼兒園教室中對文學理解能力的活動及藝術計畫。

卡蘿・赫斯特的兒童文學網站（**Carol Hurst's Children's Literature Site**）

www.carolhurst.com/titles/prek.html

為幼兒所設計的兒童文學評論清單。

國際兒童文學數位圖書館（**International Children's Digital Library**）

www.icdlbooks.org/

一個國際的兒童數位圖書館，透過網路上可得知最好的兒童文學，以激發及鼓舞全世界的孩子成為地球村的成員。

PBS 孩子的故事（**PBS Kid's Stories**）

pbskids.org/clifford/stories/index.html

大紅狗克立佛網路故事，還附有工作單、著色活動及遊戲。

以兒童文學為基礎的電視節目

☐ 《亞瑟》（*Arthur*）

　　這是有關一隻非洲食蟻獸與他的同儕及家人互動的故事。這個系列經常探討影響幼兒的社會以及與健康相關的問題。節目中也特別強調書籍與圖書館的教育價值。

☐ 《大紅狗克立佛》（*Clifford the Big Red Dog*）

　　一個名叫艾蜜莉・伊莉莎白・霍華德的都市孩子選了克立佛作為她的生日禮物。克立佛長到超過二十五英尺高，迫使艾蜜莉一家離開都市搬到一個開闊的市郊。

☐ 《布尼史坦熊》（*Berenstain Bears*）

　　一個熊家庭住在熊鄉村中，所處理的主題都與家庭生活有關。

□ 《好奇猴喬治》（*Curious George*）（中文版由青林出版）

　　一隻名叫喬治的好奇黑猩猩離開他在非洲的家，與一位名叫「一個戴著黃帽子的男人」的人住在大城市中。動畫電視系列節目是從書本的情節及角色發展出來的。

□ 《小熊維尼》（*Winnie the Pooh*）（中文版由聯經出版）

　　一隻可愛的熊維尼和他的主人羅賓及朋友們在百畝森林裡發生了許多有趣的冒險。這個節目將原書的幽默與興奮生動地呈現出來。

□ 《小熊》（*Little Bear*）（中文版由上誼文化出版）

　　小熊是一隻灰色的幼熊，他惹上了麻煩，並且和其他動物朋友經歷了美好的冒險。這個節目教導孩子關於情緒和感覺，並且透過相關的角色表現出如何處理這些情緒。

♥《好奇猴喬治》
　文圖／H. A. 雷伊
　譯／劉清彥
　出版／青林國際出版股份有限公司

♥《小熊維尼》
　文／米恩；圖／謝培德
　譯／張艾茜
　出版／聯經出版事業公司

□ 《魔法校車》（*The Magic School Bus*）（中文版由遠流文化出版）

髮髮佛老師和她的班級乘著一輛魔法校車，到各個奇妙幻想地進行校外教學。這輛校車也可以轉換成太空船、一艘船或一隻動物。這個節目透過一種互動的方式，教導孩子科學知識。

□ 《瑪德琳》（*Madeline*）（中文版由遠流文化出版）

在 1930 年代的法國，小瑪德琳和她的朋友們每天過著快樂的生活。當她面對困難時，表現得既勇敢又仁慈。

♥《魔法校車：鑽入地底》
文／喬安娜‧柯爾；圖／布魯斯‧迪根
譯／游能悌、陳杏秋
出版／遠流出版事業股份有限公司

♥《小熊》
文／艾爾斯‧敏納立克
圖／莫里斯‧桑達克
譯／潘人木
出版／上誼文化實業股份有限公司

♥《瑪德琳》
文圖／路德威‧白蒙
譯／林真美
出版／遠流出版事業股份有限公司

附錄 C

發展理解力的說故事點子

　　這份附錄中包含了強調特殊說故事技巧的故事，像是聲音故事、粉筆談話、摺紙故事及道具故事，可以讓老師在為孩子說故事時使用。

聲音故事

※ 故事範本：「愛抱怨的皇后及快樂的國王」（改編自不知名的童話）

　　當提到加了底線的文字時，製造以下的聲音：

　　<u>愛抱怨的葛瑞絲皇后</u>：咕嚕咕嚕

　　<u>快樂的赫爾曼國王</u>：哈—哈—哈

　　<u>愛吹口哨的韋伯</u>：發出從高到低的吹哨聲

　　<u>愛唱歌的山姆</u>：啦—啦—啦（〈瑪莉有隻小綿羊〉的曲調）

　　<u>疲倦的提姆</u>：發出打呵欠聲

　　<u>活潑的洛倫</u>：啊哈

　　從前有一位皇后名叫<u>愛抱怨的葛瑞絲皇后</u>，因為她常常咆哮，所以大家幫她取了這個名字。<u>愛抱怨的葛瑞絲皇后</u>嫁給<u>快樂的赫爾曼國王</u>，因為他常常大笑，所以大家幫他取了這個名字。他們是一對完美的夫妻。<u>愛抱怨的葛瑞絲皇后</u>和<u>快樂的赫爾曼國王</u>有三個兒子。第一個兒子名叫<u>愛吹口哨的韋伯</u>，因為他總是吹著口哨，所以大家幫他取了這個名字。第二個兒子名叫<u>愛唱歌的山姆</u>，因為他常常唱歌，所以大家幫他取了這個名字。第三個兒子名叫<u>疲倦的提姆</u>，

因為他常常在睡覺，而且當他醒來時，除了打呵欠什麼都不做，所以大家幫他取了這個名字。

鄰國有一位活潑的洛倫公主。她無法安靜坐上片刻，她從早到晚活蹦亂跳地找事做。每次公主一發現有什麼工作可以去做，她會將手舉在半空中說：「啊哈！」當所有的人與洛倫說話時，都忍不住說：「啊哈！」

活潑的洛倫決定要結婚。她認識愛抱怨的葛瑞絲皇后和她的先生快樂的赫爾曼國王。她也認識他們的三個兒子：愛吹口哨的韋伯、愛唱歌的山姆及疲倦的堤姆。活潑的洛倫決定與三位王子見面，看看其中哪一位適合當她未來的夫婿。有一天她將馬裝上馬鞍，出發馳騁過小山丘到隔壁王國。

當她抵達時，受到愛抱怨的葛瑞絲皇后和她的先生快樂的赫爾曼國王的歡迎。活潑的洛倫決定停留一段時間好認識每位王子，看看誰最適合她。

第一天，活潑的洛倫與愛吹口哨的韋伯打網球。但是他在整場比賽中太常吹口哨，害活潑的洛倫無法專心，一直錯過球。

第二天，洛倫與愛唱歌的山姆一起划船。山姆人很好，但他一直唱個不停。他以唱歌代替說話，找出一首適當的歌唱出他所要說的。這樣的情形一開始是很有趣，但洛倫很快就感到厭煩了。

活潑的洛倫很難過。她心想自己在這個王國裡不會遇見她夢中的王子。但是突然間，疲倦的堤姆一邊走到花園小徑上一邊打呵欠。洛倫看看他，並且說：「啊哈！」不知為何，活潑的洛倫和疲倦的堤姆成了完美的一對，就像是愛抱怨的葛瑞絲皇后和快樂的赫爾曼國王一樣。

就這樣，活潑的洛倫和疲倦的堤姆出發穿越小山丘回到鄰國結婚。當然，他們從此過著幸福快樂的日子。

粉筆談話

✳ **故事範本：「在遊戲屋裡的驚喜」（改編自不知名的童話）**

在這個故事中，加了底線的文字指示何時要畫圖：

從前有一個名叫羅莉（Lori）的小孩，她的名字中有一個 <u>L</u>。

一天，羅莉在鄰居家的外面發現一個裝大冰箱的空紙箱，放在那裡等收垃圾的人拿走。羅莉判斷裝大冰箱的箱子可以做成一個很棒的遊戲屋。她把箱子拉進家裡，並且將它放在後院，看起來<u>就像這樣</u>。

製造遊戲屋需要花費一番工夫。羅莉首先做的是<u>剪下兩個方形做成窗戶</u>，就像這樣。然後她畫了<u>一些漂亮的窗簾</u>，看起來就像這樣。

當她完成了窗戶，<u>她剪下一個門</u>，就像這樣。

羅莉想找出一個方法從她的房子後面進出。她想了一下，決定將房子背面全部打開，這樣裡面會感覺比較大，光線也能夠照進來。為了達成這樣的效果，<u>她將箱子的兩邊切開、中間放下，並將蓋子拉開</u>。房子做成像這樣。

羅莉在她的車庫發現了一些小小的花園柵欄。<u>她在她的遊戲屋前放了一些柵欄</u>，並且在柵欄後面種了一些種子。

現在她的房子完成了，她想去找她的朋友琳達（Linda）。琳達的名字也有一個 <u>L</u>。

琳達住在對街的街尾。所以羅莉蹦蹦跳跳<u>橫過街道，到對街街尾</u>的琳達家。她到<u>前門</u>按鈴。

琳達的媽媽來應門，告訴她琳達正在樓上她的房間裡玩，於是<u>羅莉上樓</u>，並且問琳達想不想去看她的新遊戲屋。

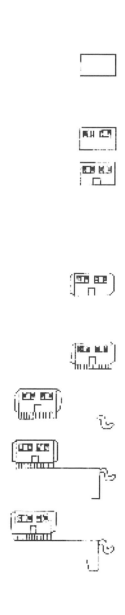

　　琳達說好，所以<u>兩個女孩</u>匆忙下樓。琳達忘了她的運動衫，所以<u>她又跑回樓上</u>去拿衣服。現在，女孩們準備好要走了。<u>她們橫越街道</u>，走在回羅莉家的路上。

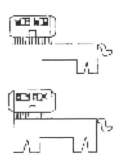

　　羅莉暫停了一分鐘，<u>彎腰去看</u>一隻毛毛蟲。琳達也看。<u>女孩們又起身趕路</u>。然後她們假裝是兔子，並且<u>一面走一面跳上跳下</u>。<u>羅莉跌倒了，琳達扶她起來</u>。

摺紙故事

❋ **故事範本：Leo Lionni（2005）所著的《小黑魚》（*Swimmy*）（中文版由信誼出版）**

　　一條小黑魚從一條巨大的鮪魚口中逃跑，當他與新朋友群聚在一起時，感到舒適及安全。摺紙技巧：將紙摺成一條魚的形狀。

♥《小黑魚》
　文圖／李歐・李奧尼
　譯／張劍鳴
　出版／上誼文化實業股份有限公司

活動

1. 練習摺紙形的技巧,直到你能自在地摺,並且能順利地一面摺一面說故事。

2. 說故事時,將紙摺成故事中的主角或東西,並且展示它們直到故事結束。

摺紙魚

必要時,可將圖放大。照著指示的數字摺。

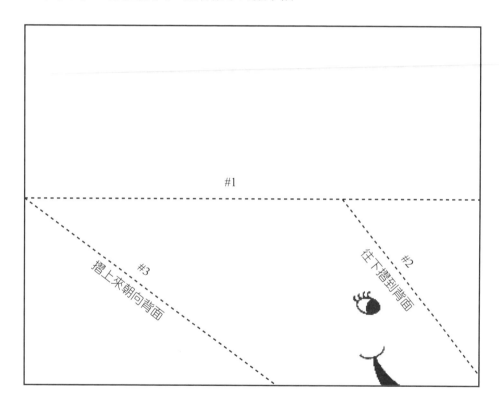

道具故事

※ **故事範本：「圓形小紅屋」（改編自不知名的童話故事）**

學校放暑假了。史蒂芬妮在屋子裡晃來晃去，試著找些事來做。她畫了一會兒，做剪貼，並且看了一些書，但是沒有一件事讓她覺得很有趣。她去找她的媽媽。她的媽媽正在桌前忙著處理重要工作。

史蒂芬妮對她的媽媽說：「今天我能做些什麼？我就是找不到任何事可以做。」

她的媽媽想了一會兒，然後說：「史蒂芬妮，我知道妳能做什麼。出去走一走，看看妳能不能找到一間圓形小紅屋，它沒有窗戶、沒有門，上面有一個煙囪，裡面還有一顆星星。」

史蒂芬妮不太明白媽媽說的，不過因為聽起來很有趣，所以她決定去試試看。首先，史蒂芬妮走到榆樹街。然後她試著來到古老巷，但是沒有一間房子符合她媽媽所描述的。她找不到一間沒有窗戶和門，上面有一個煙囪，裡面還有一個星星的圓形小紅屋。所有的房子都有窗有門，甚至沒有一間房子是紅色的。

當史蒂芬妮準備放棄回家時，她遇到她的朋友達倫。他正在找些事情做。史蒂芬妮請求他幫她一起找。這兩個孩子決定去問曼德爾夫婦，看看他們知不知道這間圓形小紅屋。曼德爾夫婦擁有一間糖果店，而且他們知道史蒂芬妮所住的小鎮上的每一件事。如果有人知道如此奇怪的屋子，那一定是曼德爾夫婦了。

史蒂芬妮跑進糖果店，她立刻問曼德爾太太：「您知不知道一間圓形小紅屋，沒有窗戶、沒有門，上面有一個煙囪，裡面還有一個星星？」曼德爾太太想了一會兒，然後說：「史蒂芬妮，往下走到一個陰暗的池塘，在那裡有風吹過樹木。坐一會兒去享受夏日及微風輕輕盪漾在樹間，或許妳會發現妳所要找的屋子。」

達倫和史蒂芬妮匆忙往下走到陰暗的池塘。這段路要走很久，而且天氣很

熱，所以他們很高興地坐下，並且在樹蔭下的池塘邊休息。沒多久，一陣美好清涼的微風吹過樹枝前，葉子發出沙沙聲，有一個東西從一棵樹上掉下來。

　　它先掉下來彈跳到史蒂芬妮的頭上，然後掉到地上裂成兩半。史蒂芬妮撿起裂開的兩半，再將它們拼在一起。然後她開始大笑。「我的天啊，」她說：「我找到了！這就是圓形小紅屋，它沒有窗戶、沒有門，上面有一個煙囪，裡面還有一顆星星。」達倫和史蒂芬妮經歷了這一切後覺得肚子好餓，他們各自拿了一半，並且開始享受這從樹上掉下來的蘋果〔**展示切蘋果**〕。

將蘋果沿著虛線切開。

參考文獻

Anderson, R.C., Hiebert, E.H., Scott, J.A., & Wilkinson, I.A.G. (1985). *Becoming a nation of readers: The report of the Commission on Reading.* Washington, DC: National Institute of Education.

Applebee, A.N., Langer, J.A., & Mullis, I.V.S. (1988). *Who reads best? Factors related to reading achievement in grades 3, 7, and 11.* Princeton, NJ: Educational Testing Service.

Barnett, W.S. (1995). Long-term effects of early childhood programs on cognitive and school outcomes. *The Future of Children, 5*(3), 25–50. doi:10.2307/1602366

Baumann, J.F., Seifert-Kessell, N., & Jones, L.A. (1992). Effect of think-aloud instruction on elementary students' comprehension monitoring abilities. *Journal of Reading Behavior, 24*(2), 143–172.

Burns, M.S., Griffin, P., & Snow, C.E. (Eds.). (1999). *Starting out right: A guide to promoting children's reading success.* Washington, DC: National Academy Press.

Bus, A.G., van IJzendoorn, M.H., & Pellegrini, A.D. (1995). Joint book reading makes for success in learning to read: A meta-analysis in intergenerational transmission of literacy. *Review of Educational Research, 65*(1), 1–21.

Campbell, F.A., & Raney, C.T. (1995). Cognitive and school outcomes for high-risk African-American students in middle adolescence: Positive effects of early intervention. *American Educational Research Journal, 32*(4), 743–772.

Clark, M.M. (1984). Literacy at home and at school: Insights from a study of young fluent readers. In J. Goelman, A.A. Oberg, & F. Smith (Eds.), *Awaking to literacy* (pp. 122–130). Portsmouth, NH: Heinemann.

Cochran-Smith, M. (1984). *The making of a reader.* Norwood, NJ: Ablex.

Cosgrove, M.S. (1989). Read out loud? Why bother? *New England Reading Association Journal, 25,* 9–22.

Cullinan, B.E. (Ed.). (1987). *Children's literature in the reading program.* Newark, DE: International Reading Association.

Cullinan, B.E. (Ed.). (1992). *Invitation to read: More children's literature in the reading program.* Newark, DE: International Reading Association.

Edwards, P.A. (1995). Combining parents' and teachers' thoughts about storybook reading at home and school. In L.M. Morrow (Ed.), *Family literacy: Connections in schools and communities* (pp. 54–69). Newark, DE: International Reading Association.

Elley, W.B. (1989). Vocabulary acquisition from listening to stories. *Reading Research Quarterly, 24*(2), 174–187. doi:10.2307/747863

Fisher, D., Flood, J., & Lapp, D. (1999). The role of literature in literacy development. In L.B. Gambrell, L.M. Morrow, S.B. Neuman, & M. Pressley (Eds.), *Best practices in literacy instruction* (pp. 119–135). New York: Guilford.

Fountas, I.C., & Pinnell, G.S. (1996). *Guided reading: Good first teaching for all children.* Portsmouth, NH: Heinemann.

Gambrell, L.B., & Koskinen, P.S. (2002). Imagery: A strategy for enhancing comprehension. In C.C. Block & M. Pressley (Eds.), *Comprehension instruction: Research-based best practices* (pp. 305–319). New York: Guilford.

Gambrell, L.B., Pfeiffer, W.R, & Wilson, R.M. (1985). The effect of retelling upon reading comprehension and recall of text information. *The Journal of Educational Research, 78*(4), 216–220.

Glazer, J.I. (1991). *Literature for young children* (3rd ed.). New York: Merrill.

Graves, M.F., Juel, C., & Graves, B.B. (1998). *Teaching reading in the 21st century.* Boston: Allyn & Bacon.

Guthrie, J.T. (2002). Engagement and motivation in reading instruction. In M.L. Kamil, J.B. Manning, & H.J. Walberg (Eds.), *Successful reading instruction* (pp. 137–154). Greenwich, CT: Information Age.

Hannon, P. (1995). *Literacy, home and school: Research and practice in teaching literacy with parents.* London: Falmer.

Hart, B., & Risley, T.R. (1999). *The social world of children learning to talk.* Baltimore: Paul H. Brookes.

Heath, S.B. (1982). What no bedtime story means: Narrative skills at home and school. *Language in Society, 11*(1), 49–76.

Holdaway, D. (1979). *The foundations of literacy.* Sydney: Ashton Scholastic.

Huck, C.S. (1992). Books for emergent readers. In B.E. Cullinan (Ed.), *Invitation to read: More children's literature in the reading program* (pp. 2–13). Newark, DE: International Reading Association.

Kuhn, M.R., & Stahl, S.A. (2003). Fluency: A review of developmental and remedial practices. *Journal of Educational Psychology, 95*(1), 3–21. doi:10.1037/0022-0663.95.1.3

Leichter, H.P. (1984). Families as environments for literacy. In H. Goelman, A.A. Oberg, & F. Smith (Eds.), *Awakening to literacy* (pp. 38–50). Portsmouth, NH: Heinemann.

Manning, M.M., Manning, G.L., & Long, R. (1994). *Theme immersion: Inquiry-based curriculum in elementary and middle schools.* Portsmouth, NH: Heinemann.

Martinez, M., & Teale, W.H. (1988). Reading in a kindergarten classroom library. *The Reading Teacher, 41*(6), 568–573.

McKenna, M.C. (2001). Development of reading attitudes. In L. Verhoeven & C. Snow (Eds.), *Literacy and motivation: Reading engagement in individuals and groups* (pp. 135–158). Mahwah, NJ: Erlbaum.

Miramontes, O.B., Nadeau, A., & Commins, N.C. (1997). *Restructuring schools for linguistic diversity: Linking decision making to effective programs.* New York: Teachers College Press.

Morrow, L.M. (1982). Relationships between literature programs, library corner designs, and children's use of literature. *The Journal of Educational Research, 75*(6), 339–344.

Morrow, L.M. (1983). Home and school correlates of early interest in literature. *The Journal of Educational Research, 76*(4), 221–230.

Morrow, L.M. (1984). Reading stories to young children: Effects of story structure and traditional questioning strategies on comprehension. *Journal of Reading Behavior, 16,* 273–288.

Morrow, L.M. (1985). Retelling stories: A strategy for improving young children's comprehension, concept of story structure, and oral language complexity. *The Elementary School Journal, 85*(5), 646–661. doi:10.1086/461427

Morrow, L.M. (1986, December). *Promoting responses to literature: Children's responses to one-to-one story readings.* Paper presented at the 36th annual meeting of the National Reading Conference, Austin, TX.

Morrow, L.M. (1987). The effects of one-to-one story readings on children's questions and comments. In S. Baldwin & J. Readence (Eds.), *36th yearbook of the National Reading Conference* (pp. 75–84). Rochester, NY: National Reading Conference.

Morrow, L.M. (1988). Young children's responses to one-to-one story readings in school settings. *Reading Research Quarterly, 23*(1), 89–107. doi:10.2307/747906

Morrow, L.M. (1990). Preparing the classroom environment to promote literacy during play. *Early Childhood Research Quarterly, 5*(4), 537–554. doi:10.1016/0885-2006(90)90018-V

Morrow, L.M. (1992). The impact of a literature-based program on literacy achievement, use of literature, and attitudes of children from minority backgrounds. *Reading Research Quarterly, 27*(3), 250–275. doi:10.2307/747794

Morrow, L.M. (1996). Story retelling: A discussion strategy to develop and assess comprehension. In L.B. Gambrell & J.F. Almasi (Eds.), *Lively discussions! Fostering engaged reading* (pp. 265–285). Newark, DE: International Reading Association.

Morrow, L.M. (2005). *Literacy development in the early years: Helping children read and write* (5th ed.). Boston: Allyn & Bacon.

Morrow, L.M., O'Connor, E.M., & Smith, J.K. (1990). Effects of a story reading program on the literacy development of at-risk kindergarten children. *Journal of Reading Behavior, 22*(3), 255–275.

Moss, B., Leone, S., & Dipillo, M.L. (1997). Exploring the literature of fact: Linking reading and writing through information trade books. *Language Arts, 74*(6), 418–429.

National Institute of Child Health and Human Development. (2000). *Report of the National Reading Panel: Teaching children to read: An evidence-based assessment of the scientific research literature on reading and its implications for reading instruction* (NIH Publication No. 00-47690). Washington, DC: U.S. Government Printing Office.

Neuman, S.B., & Roskos, K.A. (1990). The influence of literacy-enriched play settings on preschoolers' engagement with written language. In J. Zutell & S. McCormick (Eds.), *Literacy theory and research: Analyses from multiple paradigms* (39th yearbook of the National Reading Conference, pp. 179–187). Chicago: National Reading Conference.

Neuman, S.B., & Roskos, K.A. (1993). *Language and literacy learning in the early years: An integrated approach*. Orlando, FL: Harcourt.

Ninio, A. (1980). Picture book reading in mother-infant dyads belonging to two subgroups in Israel. *Child Development, 51*(2), 587–590. doi:10.2307/1129299

Norton, D.E. (1999). *Through the eyes of a child: An introduction to children's literature* (5th ed.). Columbus, OH: Merrill.

Pappas, C.C., Kiefer, B.Z., & Levstik, L.S. (1995). *An integrated language perspective in the elementary school: Theory into action*. White Plains, NY: Longman.

Pearson, P.D., Roehler, L.R., Dole, J.A., & Duffy, G.G. (1992). Developing expertise in reading comprehension. In S.J. Samuels & A.E. Farsturp (Eds.), *What research has to say about reading instruction* (2nd ed., pp. 145–199). Newark, DE: International Reading Association.

Pellegrini, A.D., & Galda, L. (1982). The effects of thematic-fantasy play training on the development of children's story comprehension. *American Educational Research Journal, 19*(3), 443–452.

Pellegrini, A.D., Perlmutter, J.C., Galda, L., & Brody, G.H. (1990). Joint reading between black Head Start children and their mothers. *Child Development, 61*(2), 443–453. doi:10.2307/1131106

Pressley, M., & Afflerbach, P. (1995). *Verbal protocols of reading: The nature of constructively responsive reading*. Hillsdale, NJ: Erlbaum.

Pressley, M., & Hilden, K. (2002). How can children be taught to comprehend text better? In M.L. Kamil, J.B. Manning, & H.J. Walberg (Eds.), *Successful reading instruction* (pp. 33–53). Greenwich, CT: Information Age.

Rand, M.K. (1994). Using thematic instruction to organize an integrated language arts classroom. In L.M. Morrow, J.K. Smith, & L.C. Wilkinson (Eds.), *Integrated language arts: Controversy to consensus* (pp. 177–192). Boston: Allyn & Bacon.

RAND Reading Study Group. (2002). *Reading for understanding: Toward an R&D program in reading comprehension*. Santa Monica, CA: RAND.

Rasinski, T.V. (1990). Effects of repeated reading and listening-while-reading on reading fluency. *The Journal of Educational Research, 83*(3), 147–150.

Ritchie, S., James-Szanton, J., & Howes, C. (2002). Emergent literacy practices in early childhood classrooms. In C. Howes (Ed.), *Teaching 4- to 8-year-olds: Literacy, math, multiculturalism, and classroom community* (pp. 71–92). Baltimore: Paul H. Brookes.

Roser, N., & Martinez, M. (1985). Roles adults play in preschoolers' responses to literature. *Language Arts, 62*(5), 485–490.

Shaffer, D.R. (1989). *Developmental psychology: Childhood and adolescence* (2nd ed.). Pacific Grove, CA: Brooks/Cole.

Shore, K. (2001). Success for ESL students: 12 practical tips to help second language learners. *Instructor, 1*(110), 30–32, 106.

Stauffer, R.G. (1980). *The language-experience approach to the teaching of reading* (2nd ed.). New York: Harper & Row.

Sulzby, E. (1985). Children's emergent reading of favorite storybooks: A developmental study. *Reading Research Quarterly, 20*(4), 458–481. doi:10.1598/RRQ.20.4.4

Sulzby, E., & Teale, W.H. (1987). *Young children's storybook reading: Longitudinal study of parent–child interaction and children's independent functioning* (Final report to the Spencer Foundation). Ann Arbor: University of Michigan.

Taylor, D., & Strickland, D.S. (1986). *Family storybook reading*. Portsmouth, NH: Heinemann.

Teale, W.H. (1981). Parents reading to their children: What we know and need to know. *Language Arts, 58*(8), 902–912.

Teale, W.H., & Sulzby, E. (Eds.). (1986). *Emergent literacy: Writing and reading*. Norwood, NJ: Ablex.

Vukelich, C., Evans, C., & Albertson, B. (2003). Organizing expository texts: A look at the possibilities. In D.M. Barone & L.M. Morrow (Eds.), *Literacy and young children: Research-based practices* (pp. 261–290). New York: Guilford.

Walmsley, S.A. (1994). *Children exploring their world: Theme teaching in elementary school*. Portsmouth, NH: Heinemann.

Wepner, S.B., & Ray, L.C. (2000). Sign of the times: Technology and early literacy learning. In D.S. Strickland & L.M. Morrow (Eds.), *Beginning reading and writing* (pp. 168–182). New York: Teachers College Press; Newark, DE: International Reading Association.

Yopp, R.H., & Yopp, H.K. (2000). Sharing informational text with young children. *The Reading Teacher, 53*(5), 410–423.

引用的兒童文學

Asbjornsen, P.C., & Moe, J.E. (1991). *The three billy goats gruff.* San Diego, CA: Harcourt.

Beall, P.C., & Nipp, S.H. (1989). *Wee sing, animals, animals, animals.* New York: Price Stern Sloan.

Bemelmans, L. (2000). *Madeline's rescue.* New York: Viking.

Bloom, S. (2007). *A splendid friend indeed.* Honesdale, PA: Boyds Mills.

Bourgeois, P. (1987). *Franklin in the dark.* Toronto, ON: Kids Can Press.

Brett, J. (1996). *Goldilocks and the three bears.* New York: Putnam.

Brown, M.W. (1989). *Big red barn.* New York: Scholastic.

Brown, M.W. (2005). *Goodnight moon.* New York: HarperCollins.

Cabrera, J. (2008). *Old McDonald had a farm.* New York: Holiday House.

Carle, E. (1989). *The very busy spider.* New York: Penguin.

Carle, E. (1994). *The very hungry caterpillar.* New York: Philomel.

Carle, E. (1998). *1, 2, 3 to the zoo: A counting book.* New York: Putnam.

Child, L. (1999). *Over the river and through the wood.* New York: Morrow.

Dr. Seuss. (1970). *Mr. Brown can moo! Can you?* New York: Random House.

Eastman, P.D. (2005). *Are you my mother?* New York: Random House.

Ehlert, L. (2000). *Snowballs.* San Diego, CA: Harcourt.

Fujikawa, G. (1980). *Jenny learns a lesson.* New York: Penguin Group.

Galdone, P. (1983). *The gingerbread boy.* Boston: Houghton Mifflin.

Galdone, P. (1984). *The three little pigs.* Boston: Houghton Mifflin.

Galdone, P. (2006). *The little red hen.* Boston: Houghton Mifflin.

Gibbons, G. (1987). *The milk makers.* New York: Aladdin.

Hoberman, M. (2007). *A house is a house for me.* New York: Puffin.

Hutchins, P. (2007). *Barn dance!* New York: Greenwillow.

Jacobson, J. (1997). *Getting to know sharks.* New York: Sadlier-Oxford.

Johnson, C. (1981). *Harold and the purple crayon.* New York: Harper & Row.

Keats, E.J. (1998). *Peter's chair.* New York: Puffin.

Keats, E.J. (1998). *The snowy day.* New York: Puffin.

Lionni, L. (1991). *Frederick.* New York: Random House.

Lionni, L. (2005). *Swimmy.* New York: Knopf.

Mayer, M. (2002). *My trip to the farm.* Columbus, OH: McGraw-Hill.

McCafferty, C. (2001). *The gingerbread man.* Columbus, OH: Brighter Child.

McGovern, A. (1992). *Too much noise.* Boston: Houghton Mifflin.

Pfister, M. (1992). *The rainbow fish.* New York: North-South.

Piper, W. (2005). *The little engine that could.* New York: Platt & Munk.

Potter, B. (2006). *The tale of Peter Rabbit.* New York: Penguin.

Prelutsky, J. (2006). *It's snowing! It's snowing! Winter poems*. New York: HarperCollins.

Prokofiev, S. (2008). *Peter and the wolf*. New York: Penguin Young Readers.

Quackenbush, R.M. (1973). *Go tell Aunt Rhody, starring the old gray goose, who is a living legend in her own lifetime and the greatest American since the American eagle*. Philadelphia: Lippincott.

Satoh, A., & Toda, K. (1996). *Animal faces*. La Jolla, CA: Kane/Miller.

Saunders-Smith, G. (1998). *Autumn*. Mankato, MN: Pebble.

Sendak, M. (1991). *Chicken soup with rice*. New York: Harper & Row.

Sendak, M. (1991). *Pierre*. New York: Harper & Row.

Sendak, M. (1991). *Where the wild things are*. New York: Harper & Row.

Tresselt, M. (1989). *The mitten*. New York: Penguin.

Van Rynbach, I. (2004). *Five little pumpkins*. Honesdale, PA: Boyds Mills.

Willems, M. (2004). *Knuffle bunny*. New York: Hyperion.

Yolen, J. (2007). *Owl moon*. New York: Penguin.

Yolen, J., & Teague, M. (2005). *How do dinosaurs eat their food?* New York: Scholastic.

Zolotow, C. (1977). *Mr. Rabbit and the lovely present*. New York: Harper & Row.

兒童文學作者索引

（註：頁數後的 t 代表圖表）

A

Adoff, A. 5t, 116
Aigner-Clark, J. 119
Alborough, J. 121
Alexander, M. 5t, 115
Aliki 6t, 92t
Andreae, G. 92t, 115
Asbjornsen, P.C. 55, 57, 122
Ashley, B. 116
Ashman, L. 119
Avery, C.E. 116

B

Backpack Books 118, 121
Baer, E. 116
Baker, A. 118
Bancroft, H. 92t
Bang, M. 6t, 91, 118
Barrett, J. 117
Barrett, J.E. 116
Barton, B. 120
Beall, P.C. 92t, 94
Beaton, C. 118, 120
Beinstein, P. 122
Bemelmans, L. 65, 117
Berenstain, J. 117
Berenstain, S. 117
Betrand, D.G. 122
Bevington, K. 119
Bierhorst, J. 119
Blackstone, S. 121
Bloom, S. 64
Bourgeois, P. 6t, 70, 117
Boynton, S. 122
Brandt, A. 115
Branley, F. 121
Brett, J. 24, 32, 122
Bridwell, N. 122
Brown, M.W. 56, 89, 117
Bunting, E. 7t, 110t

C

Cabrera, J. 88
Campbell, R. 92t

Capucilli, A.S. 122
Carle, E. 8t, 57, 88, 92t, 95, 98, 116, 117, 118, 120
Carlstrom, N.W. 120
Castaneda, O. 123
Chanko, P. 92t, 95
Chapman, C. 119
Chessen, B. 92t, 95
Child, L. 89
Christelow, E. 118, 120
Cole, H. 121
Cole, J. 120
Collard, S.B. 120
Cousins, L. 117
Cushman, D. 93t
Cutler, J. 7t
Cuylor, M. 121

D

Darian, S. 110t
Davis, K. 115, 118
dePaola, T. 117
Deschamps, N. 116
Diaz, J. 115
Dooley, N. 123
Dorros, A. 116
Downey, R. 110t
Dr. Seuss 32, 116, 120

E

Eastman, P.D. 56, 64, 117
Ehlert, L. 3, 91, 118, 121
Engel, D. 7t

F

Falconer, I. 118
Feldman, T. 119
Flack, M. 117
Fleming, D. 120
Florian, D. 119
Fox, M. 110t
Friedman, I.R. 123
Frost, H. 121
Fujikawa, G. 71

G

Galdone, P. 8t, 10, 24, 29, 42, 57, 122
Gerth, M. 115, 118
Gibbons, G. 89
Glaser, L. 120
Grossman, B. 91

國家圖書館出版品預行編目（CIP）資料

兒童文學在幼兒園中的運用：發展孩子的閱讀理解力
及興趣／Lesley Mandel Morrow, Elizabeth Freitag, Linda
B. Gambrell 著；葉嘉青編譯. --初版.-- 臺北市：心理，
2013.07
　　面；　公分 --（幼兒教育系列；51164）
　　譯自：Using children's literature in preschool to develop
comprehension: understanding and enjoying books, 2nd ed.

　　ISBN 978-986-191-550-0（平裝）

　1. 閱讀指導　2. 學前教育

523.23　　　　　　　　　　　　　　　102011129

幼兒教育系列 51164

兒童文學在幼兒園中的運用：發展孩子的閱讀理解力及興趣
～～～～～～～～～～～～～～～～～～～～～～～～～～～～～～～～～～～～
作　　者：Lesley Mandel Morrow, Elizabeth Freitag, Linda B. Gambrell
編 譯 者：葉嘉青
執行編輯：林汝穎
總 編 輯：林敬堯
發 行 人：洪有義
出 版 者：心理出版社股份有限公司
地　　址：231 新北市新店區光明街 288 號 7 樓
電　　話：(02)29150566
傳　　真：(02)29152928
郵撥帳號：19293172　心理出版社股份有限公司
網　　址：http://www.psy.com.tw
電子信箱：psychoco@ms15.hinet.net
排 版 者：鄭珮瑩
印 刷 者：竹陞印刷企業有限公司
初版一刷：2013 年 7 月
初版三刷：2020 年 10 月
Ｉ Ｓ Ｂ Ｎ：978-986-191-550-0
定　　價：新台幣 200 元
～～～～～～～～～～～～～～～～～～～～～～～～～～～～～～～～～～～～